MÉMOIRES D'UN GRAND BANDIT

GEORGES SÉGARD

AVEC FLORENCE BOUTÉ

Sous la direction de Frédéric Veille

City
Témoignage

Retrouvez tous les titres City Éditions :

www.city-editions.com

Couverture : Shutterstock/Studio City
ISBN : 978-2-8246-2368-9
Code Hachette : 76 5456 7
Collection dirigée par Christian English et Frédéric Thibaud
Catalogues et manuscrits : city-editions.com

Dépôt légal : Juin 2024

MÉMOIRES D'UN GRAND BANDIT

Sommaire

À Colette, Évelyne et Alice,
Les trois femmes qui ont fait de moi
l'homme que je suis,
et que j'ai tant aimées.

1

Évadés

Les deux R16 grises sont là, garées, moteur en marche, devant le 36 quai des Orfèvres.

Nous dévalons la volée de marches de pierre pour arriver dans la cour pavée, Christian Jubin tenant fermement le pistolet pointé dans le dos du juge Magnan, tandis que je le précède, tenant en joue le greffier Laurain. Ma belle Évelyne semble minuscule derrière le deuxième collaborateur du juge, et pourtant, nul ne se serait interposé entre elle et son otage.

Il ne nous a pas fallu plus de cinq minutes pour quitter le bureau du juge d'instruction, trois étages plus haut.

Cinq minutes pour nous retrouver dehors, après trois heures et demie dans le bureau du juge, sans aucune certitude de parvenir à nos fins.

Deux voitures.

Telle était notre unique revendication.

Christian et moi étions tous deux en détention préventive. Évelyne, elle, était en liberté surveillée, mais prévenue dans la même affaire de braquage que nous. En réalité, elle me devait sa liberté. Évelyne, la femme de ma vie, celle que j'avais épousée entre deux braquages le 12 juillet 1969.

Christian, Évelyne et moi étions tous trois incarcérés depuis novembre 1969, en attente de notre procès. Nous étions « soupçonnés » d'avoir organisé différents hold-up à main armée. Alors que Christian et moi étions en détention préventive à la prison de la Santé, Évelyne avait été envoyée à Fleury-Mérogis. À chacune de nos entrevues avec le juge d'instruction, Christian et moi racontions la même histoire : Évelyne, qui nous avait servi de chauffeur, n'était pas notre complice, elle avait agi sous la contrainte. Nous espérions ainsi qu'elle soit libérée. Mais pour faire entendre raison à un juge d'instruction, il faut se lever de bonne heure, d'autant plus quand on est malfaiteur. Le temps passait, Évelyne pourrissait en prison depuis près de deux ans, et j'en étais malade.

Alors, je décidai de jouer mon va-tout et fomentai un plan. Il faut dire que j'avais de l'imagination et un peu d'expérience en la matière. Lors de cette détention préventive, je partageais la cellule avec trois autres détenus. Nous n'étions pas isolés et avions l'occasion d'échanger avec nos collègues détenus lors des promenades notamment. C'est ainsi que j'avais rencontré Simon. Lui, il connaissait la durée de sa peine, son procès était passé depuis bien longtemps, et il travaillait comme plombier pour le compte de la prison, un métier qu'il avait probablement appris et exercé du temps de sa liberté. J'ignorais tout de ce gars-là, sinon qu'il avait accès à certains outils. Moi, j'étais le complice de Jubin, et cela suffisait pour qu'il accepte de me rendre un service. Un jour, je profitai donc de la promenade pour lui passer commande d'un petit couteau. Je ne demandais rien de compliqué, juste une petite lame suffisamment affûtée. Je n'eus pas à m'expliquer davantage ni à dévoiler mon plan. Le lendemain, toujours lors de la promenade, il me fit savoir que la lame serait prête deux jours plus tard. Je n'avais plus qu'à me débrouiller pour le faire venir dans ma cellule, car jamais il ne prendrait le risque de me remettre l'arme durant la promenade.

Je ne trouvai aucune meilleure idée que de boucher les toilettes avec tout le papier journal que je dénichai. Nous recevions la presse, et les journaux s'entassaient dans un coin de la cellule, voilà donc qui allait enfin me servir à quelque chose. Il suffisait désormais de prévenir les gardiens que les toilettes étaient obstruées, pour que le plombier intervienne rapidement. Quelques minutes plus tard, Simon entrait dans la cellule, me remettait la lame, débouchait les toilettes et repartait comme il était venu. Il n'avait pas le dos tourné que je me poignardais dans le bas-ventre, me perforant l'intestin au passage. J'avais eu le temps, depuis mon incarcération, de lire, notamment les planches anatomiques des dictionnaires. Je savais donc à peu près où taper sans me condamner. Le sang n'avait pas tardé à maculer mes vêtements et à se répandre, alors que je perdais connaissance. Tous les risques étaient bons à prendre pour qu'Évelyne soit libérée.

Au retour de la promenade, mes codétenus me retrouvèrent à terre, inanimé, et donnèrent l'alerte. Je fus transporté à l'hôpital Cochin, à deux pas de la prison de la Santé, où l'on me prodigua les soins appropriés. Je repris connaissance, menotté à mon lit, un garde devant la porte. Après tout, je n'étais certainement pas le premier détenu à tenter une évasion en profitant d'une hospitalisation. Mais ça n'était pas mon projet. Mon unique but était de faire en sorte qu'Évelyne soit libérée. Aussi, à peine avais-je retrouvé mes esprits que je réclamai à cor et à cri la libération de celle qui avait agi sous la contrainte, qui était une victime et non une complice. Il faut croire que cette fois, je fus suffisamment convaincant, précisant que je n'hésiterais pas à mettre ma vie en danger pour qu'elle soit relaxée. C'est ainsi qu'elle sortit peu après. Ensuite, Évelyne vint régulièrement au parloir, et se présenta libre aux instructions ordonnées par le juge.

Nous étions convoqués chez le juge Magnan à 17 h 30. Depuis le temps que je le rencontrais, j'avais compris qu'avec lui, c'était donnant-donnant. Si j'acceptais de parler, de dévoiler quelques secrets bien gardés, il se montrerait plus enclin à accepter certaines conditions. Alors cette fois, exigeant qu'Évelyne assiste à l'instruction, je lui promis qu'il aurait ce qu'il attendait, des aveux, des révélations, des informations sur ce que je taisais depuis le jour de notre arrestation, en novembre 1969. Mon seul lien avec l'extérieur, c'était Évelyne. J'avais profité de l'une de ses visites pour lui faire savoir que nous serions tous les trois convoqués chez le juge ce 10 avril 1972, en fin d'après-midi, et que cette instruction serait la dernière. Le juge Magnan me l'avait dit.

Il y avait un coup à tenter.

Ce serait notre unique chance.

La seule occasion.

Il appartenait à Évelyne de trouver des armes, de prévenir Christian, avec lequel je n'avais aucun contact, bien qu'étant incarcérés au même endroit que lui. C'est donc sur les frêles épaules de mon Évelyne que reposait la réussite de mon pseudo-plan. Je lui faisais confiance, elle était dégourdie et maline. Elle saurait où trouver les trois armes dont nous aurions besoin.

Ce 10 avril 1972, Jubin et moi fûmes extraits de nos cellules, menottés, installés dans la fourgonnette qui devait nous emmener du boulevard Arago vers l'île de la Cité. Le trajet ne prit pas plus de dix minutes, toutes sirènes hurlantes le long du boulevard Saint-Michel. Les détenus n'entraient jamais par la grande entrée. Ils empruntaient l'entrée des artistes, bien cachée, dont toutes les portes se referment à clé derrière leur passage. Là, dans les coulisses du palais de justice, les couloirs étaient étroits, laissant peu de place à une tentative d'évasion. Au détour d'un étroit escalier de pierre nous menant au troisième étage, nous débouchâmes par une porte dérobée dans un grand couloir moquetté. Derrière chaque porte de bois massive se trouvait le bureau d'un juge d'instruction. Des bancs étaient alignés entre les battants. Certains détenus menottés à un policier attendaient leur audience. Jubin et moi avancions calmement, flanqués chacun de deux policiers, jusqu'à atteindre le bureau du juge Magnan. Aucun doute, nous étions sous bonne garde. Pas un mot n'avait été échangé depuis que nous avions quitté la prison. Le planton devant la porte fit savoir au magistrat que nous étions arrivés. La greffière ne tarda pas à nous faire entrer.

Comme nous l'espérions, le juge avait demandé que les menottes nous soient retirées dans son bureau. Les quatre policiers s'étaient exécutés, et s'étaient placés en retrait des trois chaises lui faisant face. Seule l'avocate de Jubin était présente. Évelyne fut invitée à entrer dans le bureau, également accompagnée d'un policier. Je passai discrètement la main sur sa taille, et sentis deux armes coincées entre sa peau et son jean, une devant, une derrière. En 1972, on entrait dans le palais de justice comme dans un moulin. Évelyne répondait à une convocation, elle comparaissait libre, et ne subit aucun contrôle. Faire entrer ces armes avait donc été un jeu d'enfant. Nous étions désormais tous les trois assis face au juge Magnan, Évelyne, entre Jubin et moi, les deux greffiers installés à un bureau sur le côté, et les cinq policiers alignés derrière nous. Nous étions trois, il nous faudrait mettre sous contrôle huit personnes si nous libérions l'avocate.

Rien ne nous arrêtait.

Le juge avait le nez dans notre épais dossier quand Maître Aiche fut appelée à l'extérieur. La porte du bureau refermée fut le point de départ de notre prise d'otages. Christian et moi nous emparâmes des armes coincées dans la ceinture d'Évelyne. Elle ouvrit son sac dont elle sortit deux autres pistolets. Le temps de nous retourner pour intimer aux cinq policiers de ne pas bouger, ceux-ci levèrent les mains et obtempérèrent avec une facilité déconcertante. Nous avions pour nous le funeste passé de Christian Jubin, criminel avéré, et les armes de poing que nous pointions sur eux. Saisis par la surprise, ils n'eurent même pas le temps de porter la main à leur holster pour dégager leur arme de service. En quelques secondes, les deux greffiers étaient ramenés de chaque côté du juge Magnan qu'Évelyne tenait en joue. De mon côté, j'entrepris de menotter les policiers les uns aux autres.

Maintenant, je me tenais là, debout devant la fenêtre du bureau, m'assurant que les voitures, deux R16 grises, nous avait-on dit, étaient garées, devant le palais. Une horde de journalistes se tenait sur le trottoir pavé. Il faut dire que depuis plus de trois heures que nous séquestrions huit personnes, dont un magistrat, les médias avaient largement eu le temps d'être informés de cette prise d'otages au sein du palais de justice de Paris.

Une première.

Du jamais-vu.

Ils devaient être à l'affût du scoop qui ferait la une le lendemain matin.

Il s'était donc passé plus de trois heures et pourtant, je n'eus pas le temps de me dire que c'était trop facile. Nous étions dans le feu de l'action.

Pas le temps de réfléchir.

D'être surpris.

De laisser les émotions prendre le dessus.

Nous avions quelques années d'entraînement, nous reconnaissions tous les trois les bienfaits de cette adrénaline qui nous donnait une assurance spectaculaire. Surtout, nous avions une sérieuse expérience du contrôle de la situation.

Garder la main.

Maintenir la pression.

Ne jamais trembler.

C'était notre cœur de métier.

Et les voitures étaient là.

Alors seulement, nous avions entamé notre retraite, bien conscients qu'en dehors du bureau, une armée de policiers devait nous attendre. Notre plan de départ consistait à attacher tous ceux qui nous empêcheraient de fuir. À ce moment-là, il n'était pas question de prendre des otages.

Trop compliqué.

Trop risqué.

Trop d'incertitude.

On les attacherait tous les uns aux autres, et on prendrait la poudre d'escampette, sans plus de bruit et sans menace. C'était compter sans l'irruption dans le bureau du juge du garde chargé de surveiller la porte, alerté par le bruit du policier qui était tombé alors que je préparais notre retraite. Évidemment, il prit la fuite pour donner l'alerte, suivi de près par Christian qui finit par le rattraper au bout du couloir. En quelques secondes, notre plan venait de s'effondrer, nous dûmes envisager le plan B.

Ce plan B, c'était l'imprévu.

Le tout pour le tout.

La fuite à tout prix.

Rien n'avait été pensé, réfléchi. Nous agissions, dopés à l'adrénaline, à l'instinct, et sans réfléchir. Les voitures étaient là, à quelques centaines de mètres, il nous fallait les atteindre à tout prix avant de nous faire prendre. Nous n'avions plus le choix que d'embarquer le juge et ses greffiers. S'il n'y avait eu que moi, le juge Magnan aurait été menotté, nous avions le matériel en réserve. Mais Christian eut quelques remords, alors nous quittâmes le bureau, Christian, et sa solide réputation en tête, pointant une arme entre les omoplates de son otage raide comme la justice, Évelyne et moi tenant en joue les deux greffiers.

À pas pressés, nous avions parcouru le long couloir afin de rejoindre le palier, sommant nos trois otages de ne pas crier. Le juge Magnan marchait devant Christian, qui le tenait fermement par le col de la veste. Nous avions dévalé les trois étages sans être interrompus dans notre fuite. Avocats, juges et policiers assistaient, impuissants, à notre évasion, certains nous criant de ne pas faire de conneries. Que l'on parvienne à s'évader ou pas, le mal était fait, nous braquions des armes sur un juge d'instruction et deux de ses greffiers. À ce stade, la tentative d'évasion serait jugée aussi sévèrement que l'évasion tout court, alors autant aller au bout de notre idée. Notre meilleur atout était sans conteste la présence dans notre trio de Christian Jubin.

Mon ami.

Mon complice.

Mon bras armé.

Le plus dangereux de nous trois.

Évelyne et moi n'avions jamais blessé ni tué personne. Nous n'étions certainement pas des enfants de chœur pour nous retrouver preneurs d'otages et nous enfuir ce 10 avril 1972 du palais de justice de Paris. Mais nous n'étions pas des assassins. Christian, lui, c'était une autre histoire.

Nous avions été convoqués ce 10 avril 1972 dans le bureau du juge Magnan pour une affaire de braquage à main armée que nous avions commis ensemble. Et ce braquage était probablement le cadet des soucis de Christian, qui encourait la prison à perpétuité pour une sombre affaire de meurtre. Au moment où nous nous échappions avec perte et fracas du palais, Christian Jubin était aussi l'auteur présumé du double crime du Gavroche[1], un bar situé à Pigalle, un repaire de prostituées et de malfaiteurs. Il était soupçonné d'avoir assassiné la serveuse et son ami, le 5 novembre 1969, peu de temps avant notre arrestation. À cette époque, le Gavroche appartenait à Jo Attia[2], bien connu des services de police pour avoir été le complice de Pierre Loutrel[3], dit Pierrot le Fou, un criminel notoire. Alors évidemment, si les policiers qui assistaient, pantois, à notre évasion ne bronchaient pas, c'est qu'ils mesuraient parfaitement la dangerosité de mon complice.

J'ignorais à quel point je leur faisais peur.

L'important, finalement, c'était de semer le doute.

Faire croire que l'on était tout aussi dangereux.

Insinuer que l'on n'hésiterait pas à faire feu.

Adopter l'attitude et le regard suffisamment menaçants pour que nul n'ait envie de tenter le diable. Une leçon retenue de mes quelques années à écumer le milieu du banditisme.

---

1. « Christian Jubin répond d'un double meurtre commis dans un ancien bar de Jo Attias », *Le Monde*, 30 mai 1973 : situé rue Joseph-de-Maistre, le Gavroche était un repaire de voyous, propriété de Jo Attia, véritable caïd du milieu.

2. Joseph Attia, dit Jo Attia, est un malfaiteur parisien, connu pour avoir perpétré des vols à main armée dans le gang des Tractions Avant avec lequel il perpétue une quinzaine d'attaques à main armée entre février et novembre 1946.

3. Pierre Loutrel, dit Pierrot le Fou, est le premier malfaiteur français à avoir été qualifié d'ennemi public.

Dans le doute, personne ne s'interposerait entre un criminel armé et son otage, et c'était précisément le pari que nous faisions. Nous avions raison, car personne ne nous empêcha de fuir.

À 20 heures 30, alors que nous parcourions les couloirs du palais de justice, les policiers firent évacuer les abords du Quai des Orfèvres. Il ne fallait faire courir aucun risque aux journalistes et aux badauds, attirés par cette évasion sensationnelle.

C'est ainsi que, sûrs de nous et sans encombre, en quelques minutes, nous avions dévalé les trois étages nous séparant du parvis pavé du palais de justice. Finalement, sans échanger un mot, nous nous entassâmes dans une seule des deux voitures, nos trois otages tenus en respect par les armes avec lesquelles Évelyne était entrée dans les lieux. Comme on ne change pas une équipe qui gagne, Évelyne prit le volant, l'un des greffiers à ses côtés, tandis que Christian et moi poussions le juge Magnan et le deuxième greffier au milieu de la banquette arrière, chacun de nous près d'une portière. Elle fit ronfler le moteur, et la voiture s'élança droit devant, direction la planque qu'elle avait débusquée dans la rue de Varennes. Quelle drôle d'idée pour une cachette que cette rue pleine de flics. Évelyne avait dû se dire que justement, personne ne viendrait nous chercher là.

Je ne pensais à rien tandis qu'elle roulait à tombeau ouvert. Elle n'avait pas choisi l'itinéraire le plus direct. Elle avait dans l'idée de semer la horde de policiers à nos trousses, puis de nous débarrasser des otages, avant de rejoindre la planque, gentiment prêtée par un dénommé Tardieu, une vieille connaissance à elle. Déjà, nous laissions derrière nous le boulevard Saint-Michel et approchions du jardin du Luxembourg. La fuite n'allait pas s'avérer facile avec ces voitures de police, toutes sirènes hurlantes dans notre sillage. Alors, Évelyne s'accorda une pause dans cette course effrénée. Nous ordonnâmes au greffier assis à l'avant de descendre, de faire comprendre à nos poursuivants que nous n'hésiterions pas à tuer le juge Magnan s'ils n'arrêtaient pas la chasse. Le greffier, qui aurait pu en profiter pour fuir, fut prié de ne pas oublier de revenir à la voiture, faute de quoi le magistrat serait abattu. Les flics obtempérèrent, certainement convaincus qu'ils nous auraient plus tard.

Autrement.

Proprement.

L'important pour l'heure était de préserver la vie de nos trois otages.

Le calme était revenu à l'approche du parc Montsouris. Nous prolongeâmes notre trajet à un rythme moins soutenu jusqu'au Kremlin-Bicêtre. J'avais dans l'idée que nous poursuivrions en taxi. Il est toujours facile de trouver un taxi auprès des gares et des hôpitaux. Évelyne gara la voiture correctement, à la première place qu'elle trouva. Abandonner un véhicule avec perte et fracas au milieu d'un carrefour était le meilleur moyen de se faire remarquer. Une fois la

R16 stationnée, nous libérâmes nos trois otages, puis montâmes à l'arrière du premier taxi venu, direction le studio de la rue de Varennes.

Notre traversée de la rive gauche n'avait pas duré plus d'une vingtaine de minutes et déjà, nous rebroussions chemin vers l'un des quartiers les plus surveillés de la capitale, du fait de la proximité de l'hôtel de Matignon, de l'Assemblée nationale à quelques rues, et de nombreux ministères entre la rue de l'Université, la rue Saint-Dominique et les Invalides. Qu'à cela ne tienne, nous allions faire profil bas quelques heures, le temps de peaufiner le plan suivant qui devrait nous assurer la liberté à durée indéterminée.

Ce 10 avril 1972 marqua une date dans l'histoire de la magistrature. Pour la première fois, deux prévenus et leur complice parvenaient à s'évader du palais de justice de Paris en prenant en otage un juge d'instruction. Cette histoire fit la une de tous les journaux du lendemain.

La soirée était désormais bien entamée, la nuit était tombée sur Paris. Alors que nous étions installés rue de Varennes, je repensai à cet enchaînement d'événements qui nous avaient amenés là.

Aux quelques années de forfaits, vols et autres braquages.

À cette arrestation malheureuse après avoir été balancé.

À ces quelques années de préventive avant qu'Évelyne ne parvienne à nous faire évader.

À ma vie qui, décidément, était bien loin du petit fleuve tranquille.

10 avril 1972.

J'avais 31 ans.

Alors que Christian et moi réfléchissions à ce que serait demain, à la suite du plan, j'ignorais encore que ma vie venait de prendre un virage à 180 degrés. J'étais rempli de l'insolence de ma jeunesse, convaincu que rien ni personne ne me résisterait jamais, certain que je venais de jouer mon meilleur coup, assuré que quoi qu'il advienne, je n'avais plus rien à perdre.

Sinon ma liberté chérie.

Mais j'avais aussi conscience que si je devais tomber, tel serait mon destin, tel était le jeu. J'avais au moins pour moi de n'avoir jamais tué ni blessé qui que ce soit.

2

Mauvaise graine

Je m'appelle Georges Segard.

Je suis né le 28 septembre 1941, à Avelesges, dans la Somme, un village retiré, qui compte désormais moins de soixante habitants. Je suis le dernier de onze enfants. Ma mère avait eu fort à faire avec cette tripotée de mômes, majoritairement des garçons, dont la plupart étaient nés avant la guerre et avaient donc connu l'invasion allemande, les tickets de rationnement, la faim, le marché noir, la débrouille, même en rase campagne. J'ai peu de souvenirs de mon enfance, j'ai même oublié le prénom de certains de mes frères et sœurs, ceux nés juste avant moi, décédés quelques heures après leur naissance. Je suis arrivé après Félicien, Charles, Pierre, Colette, Gilbert, Gilberte et Bernard. Aujourd'hui, hormis Colette, âgée de 93 ans, et moi, tous sont décédés.

Né pendant la guerre, j'ai grandi dans les drames. Peu de temps après ma naissance, ma mère vivait la tragédie de sa vie : mon frère Félicien, son aîné, avait été tué par les Allemands, il avait tout juste 21 ans. Quelques mois plus tard, c'est mon père qui succombait, tué par des braconniers. J'ai donc grandi dans l'ombre d'un frère mort en martyr, avec le spectre d'un père absent, mais surtout dans l'autorité de mon frère Bernard, le septième enfant, qui se rêvait gendarme, et pour lequel l'ordre et le respect de la règle étaient des lignes rouges infranchissables. Mes frasques avaient finalement eu raison de sa carrière sous les drapeaux.

J'avais pour moi un caractère bien trempé, la certitude que je serais le dernier des enfants puisque notre père était décédé, et cette incroyable capacité à enquiquiner le monde. J'étais un enfant coléreux, exigeant, turbulant, peu apprécié de mes frères puisque ma mère cédait au moindre de mes caprices. Elle était usée de toutes ces grossesses, de tous ces décès autour d'elle, de tous ces malheurs. Alors, devant l'enfant capricieux que j'étais, elle avait rendu les armes. J'avais fréquenté la même école communale que mes frères et sœurs jusqu'à 14 ans, âge auquel, certificat d'études en poche ou pas, les garçons finissaient ouvriers agricoles. Ce fut mon cas. Pays de betterave et d'élevage, la Picardie apportait du travail à qui en voulait et nous n'avions pas le choix, il nous fallait travailler pour subvenir aux besoins de la famille.

Ma sœur Colette, elle, avait échappé aux travaux de la ferme, elle assurait le service au château du village, lequel avait été transformé en dispensaire durant la guerre. D'ailleurs, par un funeste hasard, elle eut un jour à soigner l'Allemand qui avait tué notre frère Félicien. Moi, je n'aurais pas pu. Le gars serait mort avant d'avoir franchi le seuil du château. J'étais un gamin opiniâtre, qui parlait peu, mais qui ne passait jamais par quatre chemins pour dire ce qu'il pensait, et dont les actes en général suivaient de très près les paroles.

Bref, nous travaillions tous.

Certains avaient déjà quitté le nid, comme mon frère Pierre, le troisième de la fratrie, avec lequel j'avais une quinzaine d'années d'écart. Lui vivait à Boulogne-Billancourt, près de Paris. Le Graal ! Il était installé à la ville, avec son épouse Ginette et leur jeune fils, et travaillait dans la capitale, boulevard de Sébastopol, chez un poseur de revêtements de sol. Je n'étais pas majeur en 1958, quand ma mère décéda d'un cancer. Il n'était pas question pour mes frères et sœurs que je reste seul à Avelesges. Ma sœur Colette avait déjà tellement à faire avec ses propres enfants qu'il fut décidé que j'irais chez Pierre, en région parisienne, où un brillant avenir de poseur de sols souples et moquettes m'attendait. Il n'eut aucune difficulté à me faire embaucher par son patron et j'entamai donc une carrière de poseur de moquettes. J'appris les rudiments du métier. Je me levais aux aurores pour traverser la région parisienne d'ouest en est. Je ne la ramenais pas trop, mais je m'ennuyais ferme. L'expérience fut de courte durée, car sans être un mauvais garçon et bien que travailleur, j'avais sale caractère. Je ne me laissais pas faire et appréciais assez mal que l'on me dicte ma conduite. Je ne simplifiais pas la vie de Pierre qui devait souvent s'interposer, et plaider en ma faveur, que ce soit auprès du patron ou de sa femme. Je n'étais pas le genre de garçon à reconnaître ses erreurs, à s'excuser. J'étais impulsif, peu malléable, et j'en venais assez facilement aux mains.

Un jour pas comme un autre, une dispute avec un collègue en entraînant une autre, le patron nous fit comprendre que l'un de nous devait quitter l'entreprise, et ce fut moi. Je me retrouvai donc sans travail à 19 ans, en quête d'un autre emploi, et aux prises avec Ginette, l'épouse de mon frère, qui cherchait à me dicter une conduite à tenir, imposait des conditions à ma présence, posait beaucoup de questions et exigeait énormément de réponses. Le jeune homme que j'étais ne put supporter ça bien longtemps.

Ma quête d'emploi me mena assez naturellement vers la place Blanche et Pigalle, hauts lieux du proxénétisme, de l'argent facile, des petits boulots au noir, du fric que l'on se refile sous le manteau. Il ne fallut pas longtemps pour que je donne mon congé à Pierre et sa famille, et que je m'installe dans le quartier des Batignolles, dans un petit meublé que j'avais déniché rue de la Condamine. J'avais quelques économies des salaires perçus, et je me savais parfaitement capable de subvenir seul à mes besoins, car j'étais très débrouillard.

L'un de mes premiers vrais amis fut Charlie Bauer, que je rencontrai au début des années 1960.

Une figure !

Il était le Robin des Bois des quartiers sensibles. À l'époque où je fis sa connaissance, il arrivait tout droit de Marseille, où il avait passé le plus clair de son temps à déboulonner les écrous des rails de tramway pour les revendre, à piller les wagons de marchandises pour redistribuer leurs trésors dans les quartiers nord de la cité phocéenne, ou à voler les magasins de luxe pour donner aux plus pauvres.

Charlie Bauer était un peu plus jeune que moi. À peine âgé de 20 ans, il faisait déjà figure d'insurgé. C'était un écorché vif, un révolté, une figure de l'extrême gauche et j'adorais l'écouter des heures durant, clamant sa vision de la justice sociale, s'époumonant contre le pouvoir, les nantis et l'injustice sous toutes ses formes. Je l'écoutais me raconter comment, à tout juste 15 ans, il s'était engagé dans la lutte contre la guerre d'Algérie qui avait commencé en 1958, une vraie tribune pour ce révolutionnaire. À cette époque, il se battait aux côtés du Front de libération nationale (FLN), détournant des conteneurs chargés d'armes dans le port de Marseille pour les remettre au parti.

Charlie Bauer devint vite mon ami. Je lui vouais une certaine admiration. Il avait les convictions chevillées au corps, une certaine colère aussi, qu'il exprimait à travers ses larcins. Il était encore un loup solitaire, il menait ses combats sans chercher à rallier qui que ce soit à sa cause. J'étais jeune, je découvrais un milieu dont j'ignorais tout, mais bien que plus jeune que moi, Charlie Bauer faisait figure d'exemple. Il s'insurgeait, se rebellait contre l'ordre établi, et l'écouter me donnait des idées. Les récits de ses exploits nourrissaient mon libre arbitre, me faisaient prendre conscience du système dont je ne connaissais pas grand-chose, et d'un certain idéal, dans lequel je n'allais pas tarder à sombrer. Je n'avais pas son expérience, mais j'étais malin, dégourdi, intelligent, je savais écouter les bons conseils et surtout, comme lui, je n'avais peur de rien. Si la cause de Charlie ne serait jamais la mienne, en le rencontrant, j'avais trouvé une raison d'être, une manière de gagner ma vie. Je m'étais aussi forgé une solide opinion de cette fichue guerre en Algérie, qui finirait tôt ou tard, si le conflit ne prenait pas fin, par me tendre les bras. Charlie à peine parti vers Marseille, je repris mes divagations dans les quartiers sombres de la capitale, à la recherche d'un nouvel emploi.

Assez vite, je pris l'habitude de ne jamais donner mon vrai nom, de ne rien révéler sur moi. Je ne posais pas de question et c'est finalement ce qui inspirait le plus confiance. Assez vite également, certains des gars qui fréquentaient les mêmes bars louches que moi me donnèrent du « travail ». Il s'agissait en l'occurrence la plupart du temps de dévaliser un appartement parisien. Il manquait parfois un gars dans l'équipe. J'acceptais, moyennant quelques billets, d'être le troisième larron. Au début, je me contentais de faire le guet, puis j'appris à forcer les portes, à faire sauter les verrous, à ouvrir les serrures, proprement. J'avais flirté quelque temps avec un joli brin de fille, Gisèle, qui m'avait présenté Jacky, son frère, avec lequel j'avais fini par sympathiser, lequel m'avait fait rencontrer Jean-Marc.

Jacky et Jean-Marc, deux âmes égarées comme moi.

Jacky, Jean-Marc et Georges, trois sacrés bonshommes, pas trouillards.

De fil en aiguille, un casse succédant à un autre, Jacky, Jean-Marc et moi avions fini par former un trio bien entraîné, enchaînant les casses, choisissant les lieux avec méthode.

Notre plan était parfaitement rodé.

3

Cambrioleurs

Facile.

C'est ce que je pensai alors que je claquais la portière arrière de la R8 bleue que nous avions « empruntée » tôt le matin, avant de nous garer devant l'immeuble cossu du 16e arrondissement. Le butin du jour serré contre ma poitrine, je ne ressentais ni peur ni regret, tout juste un peu d'adrénaline. Le sac de sport en toile était peu encombrant, mais valait son pesant d'or. L'opération ne nous avait pas pris plus de dix minutes, effraction comprise. Comme les fois précédentes, Jean-Marc avait laissé le moteur tourner en nous attendant.

Il jeta un regard dans le rétroviseur, enclencha la première, accéléra sans excès, histoire de ne pas faire crisser les pneus sur les pavés humides de l'avenue Victor-Hugo, et de ne pas attirer l'attention, puis s'engouffra dans la circulation de la place de l'Étoile. Il se fraya un passage entre les bus et les engins de chantier. Paris ressemblait à un immense gruyère. Ici, un tunnel permettrait bientôt aux automobilistes d'éviter la place de l'Étoile pour passer des Champs-Élysées à l'avenue de la Grande-Armée.

Avenue de Friedland, l'habitacle était silencieux.

Place des Ternes, Jean-Marc alluma une cigarette.

Avenue de Wagram, les mâchoires se détendirent.

Aux Batignolles, nous échangeâmes quelques banalités.

Pigalle, le repaire.

Jean-Marc gara la R8 le long du trottoir devant une mercerie fermée pour cause d'inventaire. La petite rue était déserte. Nous avançâmes ensemble jusqu'au premier croisement, avant de partir chacun dans une direction. Puis je m'éloignai et filai d'un pas assuré vers le nord de Paris.

Le sac ne changeait jamais de main, c'était un principe de base. Celui qui le sortait de l'appartement le gardait. Alors, je remontai à pied vers les quartiers nord, l'air de rien, mon sac sur l'épaule. Évidemment, on pouvait aussi laisser notre butin au mont-de-piété, ils n'étaient pas très regardants sur la provenance des trésors, mais on s'y serait vite fait repérer. Nous, nous avions nos adresses, et ne changions jamais le plan qui avait été défini à la virgule près. Saint-Ouen était à l'époque un paradis pour les vauriens, les voleurs à la petite semaine, les types dans mon genre pas trop regardants, les petits bandits. Je m'engouffrais dans les ruelles des puces. Parmi les chiffonniers, les rempailleurs, les rémouleurs, on trouvait quelques brocanteurs qui savaient y faire avec le petit butin. Ils le rachetaient aux fournisseurs comme moi, se le refilaient entre eux, noyaient le poisson sur sa provenance, négociaient peu les prix des éventuels acheteurs et, en quelques minutes, remettaient dans le circuit un bougeoir, de l'argenterie, une vieille médaille.

Ni vu ni connu.

Pas besoin de palabrer des heures.

C'était finalement le moment le plus risqué du plan. Entre gens de mauvaise fréquentation, on se respectait, mais on ne se faisait pas de cadeaux. Dans cette jungle-là, c'était chacun pour soi. Ici, tout le monde se méfiait de tout le monde, la loyauté n'était de mise qu'avec les complices, et encore, je l'apprendrais un jour à mes dépens, si l'honneur existe, la loyauté, elle, n'existe pas. Tous les autres étaient des ennemis potentiels, y compris les receleurs. Dans ce monde, il n'y avait pas d'amitié qui tienne, pas de connivence, pas de confiance aveugle, pas de protection.

J'entrai dans la boutique avec pignon sur rue.

J'ouvris mon sac.

J'étalai ma petite marchandise.

Pas un mot ne fut échangé.

Le type qui me faisait face savait très bien pour quoi je venais. Avec ma marchandise fraîchement prélevée dans cet appartement du 16e, je représentais une sacrée aubaine. Le receleur se prenait toujours pour un expert. Au mieux, il retournait l'objet dans tous les sens comme pour mieux en évaluer la provenance, au pire, il chaussait une loupe d'horloger et me sortait le grand jeu, histoire de justifier le prix qu'il était prêt à m'en offrir. Tout était bon pour m'en donner le moins possible. Je connaissais ces trucs par cœur. Dans tous les cas, il proposait un lot.

Cinq cents francs[1].

Mille francs.

Quoi qu'il offre, c'était bien plus que ce que je touchais quand je posais des sols souples avec Pierre ! C'était bien plus que ce que gagnait le péquin moyen, à s'échiner toute la journée.

C'est comme ça : il y a deux écoles.

L'école des lève-tôt qui filent au turbin au petit matin pour obtenir à peine de quoi se payer une semaine de vacances, et celle des petits voyous qui ont compris que pour une prise de risques assez limitée, l'argent peut être bien facile, il suffit d'aller le chercher là où il dort.

Je savais que le butin valait bien plus que ce que le receleur m'en donnait. C'était le jeu. Finalement, quand je désertais la boutique, le risque pesait sur

---

1. Le franc nouveau est instauré en 1960. Un franc de l'année 1965 vaut 1,47459 euro.

ses épaules, plus sur les miennes. Je quittai les lieux avec une liasse de billets dans la poche, l'air de rien.

Le quartier grouillait comme une fourmilière. Les ferrailleurs de tout poil croisaient ici la route de tous les brocanteurs et chiffonniers de la région. Je me noyai dans la masse et disparus dans le dédale d'échoppes. J'avançai d'un pas décidé, sûr de ma destination. Les petits bandits de mon espèce ont cette assurance rare qui les rend invincibles, cette insolence qui les rend puissants.

C'est en tout cas ce que l'on croit.

En réalité, je ne réfléchissais pas trop à cela.

La moralité, la légalité, avoir ou non la conscience tranquille, ces idées ne m'effleuraient pas. Ce n'était pas les deux bougeoirs en argent, la montre à gousset, les quelques colliers que nous avions dérobés qui manqueraient à la vie de leurs anciens propriétaires.

Nous n'avions rien cassé, rien déplacé.

Nous travaillions proprement !

Jacky, Jean-Marc et moi n'en étions plus à notre coup d'essai. Cela faisait maintenant plusieurs mois que nous écumions les grands appartements des beaux quartiers selon une méthode parfaitement maîtrisée.

D'abord, nous ne nous promenions jamais tous les trois ensemble. Chacun dans notre coin, nous arpentions les belles avenues, repérions les entrées haussmanniennes dallées de marbre et aux moquettes épaisses, puis la porte de service en général à une dizaine de mètres. Nous surveillions, aux heures de pointe, les allées et venues. Cette mission de repérage pouvait prendre du temps. Il fallait être sûr de soi et suffisamment discret durant des semaines, épier les va-et-vient de l'immeuble choisi.

Regarder qui sort.

À quelle heure.

Dans quelle direction.

Noter qui entre.

À quelle heure.

Pour quel étage.

C'était d'ailleurs plus facile l'hiver. On repérait les heures où les lumières s'éteignaient et celles où elles se rallumaient. La bonne pioche, c'était l'appartement dont la lumière s'éteignait vers 7 heures du matin et ne se rallumait pas une heure plus tard. Dans ce cas, on savait que l'on tenait le ticket gagnant : les occupants partaient travailler, et personne ne revenait dans la journée. Car nous opérions en journée, c'était le meilleur moyen de ne pas se faire repérer. Il y avait moins de risques alors de croiser quelqu'un dans la cage d'escalier ou de déranger la quiétude de ces grandes maisons. En journée, les passants étaient affairés, perdus dans leurs pensées, ils ne se préoccupaient pas de qui entre par quelle porte. Enfin, ça dépendait des quartiers. Dans certains, nous ne « travaillions » pas, comme près des ministères, à l'abri d'hôtels particuliers. Ces quartiers-là regorgent de flics. Nous visions les quartiers résidentiels, assez huppés, plutôt dans Paris, mais dépassions parfois les limites du périphérique pour rejoindre Neuilly-sur-Seine, Saint-Cloud, Levallois-Perret. L'Ouest parisien regorge de quartiers bourgeois peuplés d'immeubles cossus où nous étions certains de trouver des trésors revendables. L'enjeu consistait en effet à la revente de notre larcin. Pas question, donc, de voler des tableaux ou des pièces de collection. Nous prélevions plutôt les argenteries, les bijoux, les petits bibelots peu encombrants. Le jackpot, c'était de tomber sur le tiroir plein d'argent liquide, mais c'était rare. Dans ces maisons, les propriétaires avaient des coffres, et nous ne les ouvrions pas.

C'était un autre métier.

Je retrouvais Jacky et Jean-Marc régulièrement à la Nuit, le bar qui nous servait de repaire dans Pigalle. Quand nous y étions réunis, c'était le signe qu'il y avait un coup à faire. Nous n'en parlions jamais dans le troquet. On se retrouvait chez l'un ou chez l'autre pour fixer les détails : l'adresse, le jour. Ensuite, le processus était toujours le même.

Jean-Marc s'occupait de trouver une voiture, en général dans un autre quartier que celui dans lequel nous allions opérer.

Jacky et moi vérifiions le matériel : le sac, les bouchons, la plume. Selon les portes, nous opérions de différentes manières. Parfois nous utilisions la plume, c'est-à-dire le démonte-pneus pour ouvrir la porte de l'appartement, d'autres fois, quand nous étions certains de ne pas être dérangés, nous écartions la porte à l'aide de bouchons, puis la lime nous suffisait à faire jouer la serrure.

Nous nous retrouvions à l'heure dite devant l'immeuble ciblé, Jean-Marc se garait à proximité, tandis que Jacky et moi entrions par l'entrée de service afin de ne pas attirer l'attention du concierge. Il ne nous fallait en général pas plus de cinq minutes pour pénétrer dans l'appartement. Ensuite, nous agissions dans un ballet parfaitement rodé : Jacky filait dans la chambre parentale, c'est là que nous trouvions les bijoux. Il écumait les commodes et tables de nuit. Je me dirigeais en général vers le bureau et fouillais tous les tiroirs à ma portée. Nous prélevions au passage les quelques bibelots se trouvant sur notre chemin. Nous terminions par le séjour. À nous l'argenterie, les œufs Fabergé et autres chandeliers, vases, porte-couteaux. Nous ne cassions rien, n'échangions pas un mot. Nous quittions l'appartement aussi silencieusement que nous y étions entrés et rejoignions Jean-Marc.

La suite du plan était claire.

Jean-Marc abandonnait la voiture aussi discrètement qu'il l'avait prise. L'un de nous trois filait à Saint-Ouen et retrouvait les deux autres à la planque.

Ce jour-là, comme à l'accoutumée depuis

plusieurs mois, je retrouvai donc mes complices à la planque. Je sortis la liasse avec laquelle j'avais quitté le receleur et nous partageâmes le butin en trois parts égales. Puis, chacun repartit comme il était venu, un peu plus riche que la veille. Nous ne nous posâmes aucune question sur la manière dont chacun dépenserait l'argent, sur ce que nous ferions plus tard ou sur notre prochain coup. Chacun reprit son chemin, jusqu'à la fois suivante.

4

Déserteur

1961. L'année de mes 20 ans.

Je n'en étais déjà plus à mes premiers exploits. Je commençais même à conquérir quelques lettres de noblesse.

En France, la guerre d'Algérie battait son plein. La France s'enlisait dans ce conflit qui n'avait déjà que trop duré. L'Organisation armée secrète (OAS), qui avait été créée en février de cette année-là, venait d'essuyer un sacré revers avec la tentative de coup d'État en avril. Le putsch des généraux[1], qu'ils l'avaient appelé. Tu parles d'un putsch… un échec cuisant qui ne faisait que renforcer mon avis sur ce conflit. J'étais jeune, certes, pas plus politisé que cela, mais j'avais retenu de ma rencontre

1. Le putsch des généraux du 21 avril 1961, dit aussi putsch d'Alger, est une tentative de coup d'État, fomentée par une partie des militaires de carrière de l'armée française en Algérie, conduite par quatre généraux cinq étoiles (Maurice Challe, Edmond Jouhaud, Raoul Salan et André Zeller). Ils déclenchèrent l'opération en réaction à la politique du président de la République, Charles de Gaulle, qu'ils considéraient comme une politique d'abandon.

avec Charlie Bauer, qui n'en finissait pas de faire parler de lui, que la guerre n'était jamais la solution. Je me découvrais antimilitariste, contre l'ordre établi et, pour franchir régulièrement la ligne rouge, réticent à toute forme de pouvoir. Je n'étais pas plus opposé à la guerre d'Algérie qu'à une autre. J'étais contre la guerre, tout simplement. C'était aussi probablement le lot d'une partie des gamins nés, comme moi, durant la guerre, qui avaient connu les détonations, les pertes terribles, la peur, la faim. Certains avaient peut-être une âme vengeresse, moi, je mûrissais plutôt une forme d'abjection pour l'uniforme, le fait de marcher en rangs serrés et d'obéir à des ordres.

J'étais contre l'idée que l'on envoie des mômes à la boucherie, contre se faire canarder dans le désert, pour sauver l'honneur d'une France colonialiste que je détestais.

J'étais contre l'idée que le service militaire, censé créer une armée de secours, alimente les rangs d'une armée de métier.

J'étais contre cette idée que des gamins qui mettaient leur vie entre parenthèses durant dix-huit mois se retrouvent, une mitraillette entre les mains, et aillent commettre pour le compte de l'État des crimes dont ils ne connaissaient pas le sens, et dont ils ne se remettraient peut-être pas.

Enfin, j'étais convaincu que l'État oublierait ces garçons traumatisés d'avoir vécu ces horreurs, une fois la médaille accrochée au revers de leur uniforme.

J'avais vu pas mal de mes camarades et quelques-uns de mes frères partir à l'armée, et faire la guerre en Algérie, c'était le sort de tous les jeunes nés entre 1936 et 1942 à peu près, et j'espérais bien que jamais mon tour ne viendrait, que la guerre prendrait fin avant que l'on m'appelle.

Mais je fus appelé.

Parmi les derniers probablement.

Il n'empêche que mon nom était sur la liste, et que me résoudre à partir n'était pas chose facile. J'avais désormais soixante-douze heures pour me présenter au camp de Frileuse, près de Beynes, dans les Yvelines. C'est là que, depuis 1956, se formaient les bataillons de « disponibles », comme on appelait les jeunes engagés, que la région parisienne envoyait en Algérie. Les jeunes affluaient par wagons jusqu'à la gare de Plaisir-Grignon où les attendaient les camions militaires qui les amenaient à la caserne. Certains étaient accompagnés par leurs parents, des amis, leur épouse parfois. Frileuse, c'était un peu le centre de tri. En ressortaient au bout de quelques heures les jeunes papas qui avaient oublié de déclarer la dernière naissance, si bien que l'administration les avait appelés, ceux qui étaient exemptés d'effectuer leur service militaire en Afrique du Nord parce qu'ils avaient un père ou frère mort pour la France, ou parce que l'aîné de la famille était déjà en Algérie.

Pour les autres, pas de discussion : ils savaient ce qui les attendait. Pas un service militaire, justement. Un entraînement à balles réelles, dans le désert.

Je ne me trouvais dans aucun des cas qui auraient pu faire de moi un exempté, ou une recrue envoyée dans un camp militaire français, j'étais donc sûr de mon sort et ça ne me convenait pas.

L'ordre établi.

L'obéissance à tous crins.

Le salut au drapeau.

L'autorité sans bornes.

Rien de cela n'était fait pour moi, je me connaissais bien, j'étais certain de ne pas entrer dans les cases étroites façonnées par les militaires. Mon ami Bruno Paoletta non plus n'était pas partant. Enfin, comme moi, il n'avait pas le choix, mais ce que la règle de l'État nous imposait contredisait nos idéaux, allait à l'encontre de notre liberté et bafouait notre règle la plus primaire : faire ce que nous voulions.

Alors, Bruno et moi ne nous présentâmes pas à la caserne de Frileuse. C'était aussi simple à faire qu'à écrire. Il ne nous avait pas fallu deux ans de réflexion. Ne pas se présenter était apparu comme une évidence tant l'idée de partir nous battre de l'autre côté de la Méditerranée contre des hommes comme nous nous paraissait ubuesque. Nous n'y étions pas allés et n'avions pas vraiment craint de nous faire attraper. D'abord, nous n'étions pas les seuls déserteurs de France et de Navarre. Pour ma part, je n'habitais plus à la dernière adresse déclarée, la convocation ayant été adressée chez mon frère Pierre, et nul ne connaissait ma nouvelle adresse, il y avait donc peu de risques que les gendarmes viennent me chercher. J'allais donc déserter sereinement, et poursuivre mes petites activités tout aussi tranquillement.

Je ne peux pas dire que j'avais organisé ma désertion. Elle s'était imposée à moi et me ressemblait finalement assez. Je m'étais contenté de rentrer chez moi, de reprendre ma vie là où je l'avais laissée, la veille, dans un bar de Pigalle, et avais repris le « boulot » tout aussi naturellement.

Le hasard aurait raison de ma liberté, et il faut croire que j'avais une leçon à apprendre de tout cela. Car le hasard fut justement, dans cette période de ma vie, très souvent mon pire ennemi.

J'avais fini par oublier que j'avais déserté quand, quelques mois plus tard, les policiers organisèrent une descente à la Nuit, où je me trouvais. J'imaginai qu'ils recherchaient des prostituées ou leurs julots, et ne m'attendis guère à être contrôlé. Pourtant, ce jour-là, ils embarquèrent tous les clients, et il faut croire que j'avais l'air suffisamment douteux pour être du lot. En même temps, quel employé de bureau se serait arrêté boire un café à Pigalle s'il n'avait pas été client d'une prostituée, proxénète ou malfaiteur ? Je n'étais tout de même pas né de la dernière pluie, je savais qu'en traînant dans ces lieux, je prenais le risque de tomber un jour.

Ce fut ce jour-là.

Il ne fallut pas longtemps aux policiers pour découvrir que j'étais recherché pour désertion et en informer la caserne de Reuilly-Diderot, où je fus acheminé, sans grand ménagement, dans l'heure qui suivit. C'est ainsi que je découvris les joies de la garde à vue au dépôt, dans une geôle à peine plus grande que le matelas posé sur un banc de ciment, très humide et où les déserteurs sont traités avec mépris. Nous étions les réfractaires, les insoumis, la honte de l'État français. Je savais que je serais jugé, que je n'aurais droit à aucune défense et que j'allais croupir plusieurs mois en prison. J'espérais seulement ne pas y passer les dix-huit mois que je n'avais pas faits dans le maquis.

Le tribunal aux armées[1] était présidé par le commandant Juillet qui n'eut évidemment nulle envie de m'écouter. Aucun gradé n'allait donner la parole à un déserteur. D'ailleurs, mon sort avait été tranché avant même que je foule le parquet ciré de la salle d'audience. Il était bien évident que je n'avais rien pour ma défense, que je n'étais qu'un lâche égoïste, plus préoccupé par sa petite vie, son petit confort, que par le sort de la France et le fait de prêter main-forte à ces jeunes qui, eux, avaient le courage de combattre dans le désert. Le tribunal se fichait bien de ce que j'en pensais, de la guerre et de la raison de ma désertion.

1. Le tribunal aux armées : la loi du 21 juillet 1982 supprime en temps de paix les tribunaux permanents des forces armées pour les infractions commises sur le territoire national. Le tribunal aux armées de Paris est créé en 1999, mais la loi du 13 décembre 2011 entraîne sa disparition, en transférant l'ensemble de ses compétences aux juridictions de droit commun, et en actant la disparition de la dernière juridiction militaire.

Trois mois ferme.

J'écopai de trois mois de prison ferme pour désertion, peine applicable immédiatement. Je fus conduit sur-le-champ à la Santé. Je savais de la prison ce que certains m'en avaient raconté, mais l'idée que je m'en faisais était bien loin du compte. Je n'avais pas vraiment mesuré la violence du milieu carcéral, le bruit, la promiscuité, le manque de sommeil, l'hygiène douteuse, l'humidité permanente, la veille constante. Mais je compris vite et pris le parti de m'adapter, de ne pas lutter, afin que ce temps passe vite.

Je fus incarcéré le jour même, dans le bloc A, réservé aux Européens, car dans cette prison, les détenus étaient répartis par ethnie. J'acceptai la sentence sans rechigner. J'avais joué et, à bien y réfléchir, le jeu en valait bien la chandelle. Après tout, qu'était-ce que ces trois mois au frais, en comparaison de dix-huit sous le feu des mitraillettes ?

Des vacances.

Des vacances bien méritées, même.

Trois mois peinard, après quoi je reprendrais ma vie là où elle avait été mise en pause.

Trois mois d'attente de la libération.

Trois mois où je me tins tranquille, histoire de ne pas écoper d'un jour de plus.

Trois mois à entretenir mon réseau.

Car où mieux qu'en prison se rancarde-t-on sur les bons complices, les meilleurs coups du moment ? Il y en a un qui, à cette époque, commençait à faire couler beaucoup d'encre et faisait parler dans les cours de la Santé.

Jacques Mesrine, dit l'Ennemi public numéro 1.

Il était à peine plus âgé que moi et avait déjà à son actif de nombreux hold-up dans des banques parisiennes. Alors que je purgeais ma première peine de quelques mois pour désertion, alors que j'aurais pu prendre bien pire si seulement les casses auxquels j'avais participé avant avaient été découverts, Mesrine, lui, écopait de dix-huit mois, une première peine pour vol, qu'il purgea à Évreux puis Orléans, prison dans laquelle il rencontra Pierre Carrot, dit Pierrot le Fou numéro 2.

Voilà, la prison, c'est une encyclopédie.

Un repaire de mauvais garçons.

Un nid de complices potentiels.

Un livre ouvert sur les clans dont il faut être ou ne pas être.

En trois mois, moi qui n'étais pas un grand bavard, je tendis l'oreille et en appris beaucoup. Certes, ça n'était pas le Club Med. Le confort était plus que spartiate. Nous étions entassés à six dans des cellules humides et vétustes, où nous cohabitions avec les cafards et les rats. Mais je purgeai ma peine, certain d'être libre après ces douze semaines et de retrouver ma vie. Finalement, ça n'était pas la mer à boire.

Une parenthèse, tout au plus.

5

Complices

Le trio que je formais avec Jacky et Jean-Claude tournait plutôt bien. C'est-à-dire que nous nous faisions confiance. Nous montions nos petites opérations, nous les réalisions, nous séparions les gains, sans l'ombre d'une discussion, et tout allait pour le mieux dans le meilleur des mondes. Notre vie aurait pu s'écouler ainsi des années durant, nous avions trouvé un rythme de croisière satisfaisant… Jusqu'à ce que Jean-Marc décide de raccrocher, « de passer à autre chose », nous avait-il dit.

Il n'en avait jamais parlé.

Aucun de nous trois d'ailleurs n'avait jamais évoqué qu'un jour ou l'autre, tout cela cesserait.

Que l'un de nous pourrait avoir envie d'en finir avec les pas de côté.

Que l'on pourrait tôt ou tard espérer retrouver le droit chemin.

Le contrat qui nous unissait était implicite, il reposait sur la confiance absolue et la discrétion impérative. Il n'y avait aucun autre accord. En dehors de nos coups, chacun était libre de vaquer à ses occupations, de travailler, de partir en vacances, ou de monter d'autres opérations avec d'autres complices. À condition évidemment de ne pas se faire prendre. En réalité, notre accord valait pour nos affaires. Pour le reste, chacun n'était responsable que de lui-même, pas des entourloupes des copains. Alors évidemment, dès lors que le trio fonctionnait sur ces bases depuis le départ, il était évident qu'il n'y avait pas plus d'autorisation à demander pour quoi que ce soit, que de préavis à donner pour quitter la partie.

Jean-Marc n'avait jamais évoqué ce sujet avec nous. Ce jour-là, il s'était rendu aux puces monnayer notre butin, et était revenu, les poches pleines de billets. Comme d'habitude, nous nous étions retrouvés dans mon meublé. Il avait étalé l'argent sur la table, la liasse avait été répartie en trois parts égales. Ce jour-là, nous n'étions pas peu fiers. Nous avions fait un sacré coup, qui rapportait gros, notamment parce qu'en plus des bijoux et bibelots, nous étions tombés sur une enveloppe pleine de billets, à peine dissimulée dans un tiroir de l'armoire, sous des paires de chaussettes. Les gens ont des drôles d'idées, parfois ! Notre butin rapportait de quoi tenir quelques semaines, pour des gars comme nous qui ne menions pas la grande vie.

Jean-Marc rassemblait ses billets, une clope

fumante entre les doigts. Et voilà que, du bout des lèvres, il lâcha :

— C'était le dernier, les gars.

Il dut se répéter, parce que ni Jacky ni moi n'avions entendu, compris, mesuré ce qu'il venait de dire.

— Ouais, c'était le dernier. Pour moi, c'était le dernier. J'arrête là.

Et nous voilà, Jacky et moi, comme deux ronds de flan ! Jacky tenta bien l'éclat de rire, la raillerie.

— Tu nous fais marcher, Marco ! Tu déconnes ! On ne va pas s'arrêter en si bon chemin !

— Non, je ne déconne pas du tout. J'arrête.

J'avais vu à son regard qu'il n'y aurait pas de discussion possible. Jean-Marc n'était pas un grand bavard, pas un type qui se la racontait, pas le genre à dire des choses et faire le contraire. Nous étions tous les trois de la même trempe. Et c'était précisément ce qui nous unissait.

La loyauté.

Le sens de la parole.

La détermination.

Il était évident que si Jean-Marc avait décidé que, pour lui, ce casse était le dernier, il n'y reviendrait pas. Ce n'était pas la peine non plus de poser des questions, de chercher à comprendre. Il ne donnerait pas d'explications. Aucun de nous trois n'était curieux. Moins nous en savions sur les autres, mieux c'était.

Pour nous.

Et pour les autres.

Il n'y avait ainsi aucun risque de trop en dire si un jour l'un de nous tombait. Jean-Marc avait dû atteindre le nombre de casses qu'il s'était fixé. Ou alors il considérait avoir gagné suffisamment d'argent pour organiser la suite de sa vie. À moins que ce jour-là, il ait eu un cas de conscience. En tout cas, c'était comme ça, la sentence était sans appel.

Il ne nous devait rien.

Nous ne lui devions rien.

Il prit sa part. Écrasa son mégot dans le cendrier. Nous donna à chacun une poignée de main ferme, suivie d'une longue accolade virile. Aucun doute, il s'agissait d'un au revoir. Jamais nous ne nous étions étreints de cette manière. Il n'était pas nécessaire de lui rappeler que nous serions toujours là. Jean-Marc savait où nous trouver. Il n'était pas nécessaire non plus de lui demander de la boucler. C'était la base même du pacte. Jean-Marc quitta mon meublé, et Jacky et moi restâmes hébétés, comme deux gamins tout à coup privés de leur frangin.

La cessation d'activité de Jean-Marc remettait tout de même en cause notre petit business. À deux, rien n'était possible à moins de prendre beaucoup plus de risques. La réussite de notre plan reposait sur la disponibilité immédiate d'une voiture avec chauffeur, et le fait de « travailler » à deux dans l'appartement visité était un gage de réussite et de sécurité. Nous allions donc nous retrouver sur le banc de touche quelque temps. À moins de trouver un autre larron.

Jacky était depuis plus longtemps que moi dans le métier. Il connaissait du monde. Il avait surtout participé à des affaires bien plus grosses que nos cambriolages. Il avait plus d'expérience, et plus d'ambition aussi. Pour lui, le départ de Jean-Marc ouvrait un champ des possibles que je n'avais encore jamais exploré.

— Fais-moi confiance, me dit-il. J'ai quelqu'un à te présenter.

Un jour, il rappliqua à la Nuit, la démarche assurée, les mains enfoncées dans les poches du blouson de cuir marron que je lui avais toujours connu, des lunettes de soleil masquant ses yeux, et un léger sourire aux lèvres. Je sus à l'instant où je le vis franchir la porte que c'était le début d'une autre vie, d'une autre aventure, d'une autre époque. Sans connaître le gars qui lui emboîtait le pas, je compris qu'ils m'ouvraient tous deux les portes d'un nouveau monde, et j'étais impatient d'y faire mes premiers pas.

— Je te présente Christian. Un vieux copain.

Il était plutôt beau garçon. De taille moyenne, assez mince, il était élégant, mais sans excès. Il présentait bien et, à première vue, rien ne disait de lui qu'il était malfaiteur. Sa poignée de main était solide, et il avait cette manière de planter ses yeux dans les miens au moment de me serrer la main qui me faisait me sentir cerné. Il devait être capable en une fraction de seconde de jauger son interlocuteur, de se mesurer à lui, et de décider si la relation se prolongerait au-delà de cette poignée de main. Je soutins son regard, avec l'assurance du jeune loup qui se mesure au mâle alpha. Je reconnus tout de suite en lui ce qui nous caractérisait, Jacky et moi : il n'était pas bavard, pas grande gueule, pas le genre de type à la ramener pour un oui ou pour un non. Il avait le regard franc, le geste sûr. Mais en dehors de ça, il adoptait une attitude de monsieur tout le monde, cherchait plutôt à passer inaperçu, et optait pour un discours concis. C'était le genre de gars qui me plaisait bien. Il était électricien. Enfin, quand il ne commettait pas de braquages. Car ce Christian, ce n'était pas tout à fait la même pointure que moi.

Je l'appris dans le courant de la soirée, le gars que j'avais en face de moi n'était autre que Christian Jubin, un malfaiteur déjà recherché pour quelques braquages à main armée. Lui, il n'en était plus aux petits casses à trois francs six sous qui nécessitaient de refourguer la marchandise chez un receleur. Il prenait directement l'argent là où il dormait paisiblement : dans les tiroirs-caisses des banques. En m'alliant avec ce genre de gars, je savais que je montais d'un cran dans l'échelle du banditisme. Jacky, lui, avait déjà mangé de ce pain-là, et s'il y revenait, c'est qu'il avait pleinement mesuré le rapport bénéfice-risque.

J'aurais pu prendre peur.

Les remercier de leur confiance.

Leur dire que je ne mangeais pas de ce pain-là.

Ils ne s'en seraient pas offusqués pour autant. Chacun aurait repris son chemin.

Mais je fus attiré comme un aimant. J'étais excité comme un môme devant un nouveau jouet ! Une fois encore, il m'était difficile de savoir ce qui m'enivrait le plus : l'aventure, la décharge massive d'adrénaline qui m'attendait, ou la perspective de la fortune qui s'offrait à moi.

Un peu de tout ça à la fois, certainement.

J'avais une confiance aveugle en Jacky. S'il me présentait ce gars-là, alors c'était un bon et le jeu en valait la chandelle. Si Jacky, qui avait déjà commis quelques braquages avec Jubin, était prêt à remettre ça et me proposait d'en être, c'est qu'il avait suffisamment confiance en moi, et qu'il savait que rien ne nous résisterait. Il n'en fallait pas plus pour que je me laisse faire.

À cette époque, l'accès aux banques était d'une facilité déconcertante. Comme Jubin me l'expliqua, tout reposait sur le choix de l'établissement. Il fallait d'abord identifier un établissement situé dans une petite rue, avec une entrée à l'arrière pour l'accès des transporteurs de fonds. La rue devait déboucher sur une voie plus large, pour nous permettre de prendre la fuite aisément. La première station de métro ne devait pas être trop éloignée et l'on devait pouvoir se garer facilement, sans tourner deux heures, car nous abandonnerions la voiture. Réussir sa fuite nécessite de soigner sa sortie, de repérer les parkings, les lignes de métro, les bouches d'entrées, l'itinéraire de retour. L'idéal, c'était de tomber sur une station où plusieurs rames se croisent, ainsi, chacun emprunterait une ligne différente, une fois la voiture abandonnée.

La question du véhicule était presque accessoire. Jacky et moi savions que la réussite des opérations tenait en partie au choix du modèle. Là non plus il n'y avait pas de hasard. Il suffisait de traîner dans les beaux quartiers la nuit pour débusquer une DS, facile à ouvrir et à démarrer ! Une simple lime à ongles dans le démarreur et le moteur ronflait !

À cette époque, pénétrer dans une banque et s'en échapper avec un sac plein de billets ne représentait pas un risque considérable. Ce que nous faisions en ce temps-là n'est plus possible de nos jours. Jusque dans les années 1970, les banques étaient de vrais moulins.

Pas de sonnette à l'entrée, il suffisait de pousser la porte pour être à l'intérieur.

Pas de sas, en quelques secondes, nous étions au comptoir.

Pas de caméra, aucune chance, donc, d'être reconnus.

Pas de garde armé à l'entrée, aucun risque d'être contré ou poursuivi.

Pas de téléphone portable, nulle crainte que quelqu'un donne l'alerte rapidement.

Pas d'opération dématérialisée, toutes les chances de trouver des tiroirs-caisses pleins à craquer.

Et il faut bien le dire, mettre la main sur des armes était aussi facile. Quand on baignait dans ce milieu, on savait qui contacter pour s'approvisionner. Nous n'utilisions que des pistolets, jamais de mitraillettes ni de fusils, trop lourds et encombrants. Nous devions garder une certaine agilité, car au demeurant, seuls deux d'entre nous entraient dans la banque, le troisième faisait le guet au volant de la DS, prêt à démarrer. Depuis que Jean-Marc avait raccroché, c'est Jacky qui s'y collait. Il fallait donc être suffisamment armé pour être convaincant, mais de manière légère pour garder des réactions franches, mesurées, sûres, pour agir vite, proprement, sans perte de temps.

Puis, venait le temps du repérage. Lorsque nous avions identifié l'établissement idéal, nous nous relayions des jours durant, tôt le matin, et guettions l'arrivée des convoyeurs de fonds. L'idée n'a jamais été de braquer un fourgon blindé. Mais, tant que le convoyeur n'était pas passé, les tiroirs des caissiers étaient vides. Et nous n'allions pas prendre de tels risques pour trois francs six sous. Alors nous attendions patiemment, les uns relayant les autres, des heures durant, surveillant la porte arrière de la banque, le passage des fourgons et les allées et venues des uns et des autres. En quelques jours, nous avions à peu près tous les renseignements dont nous avions besoin. Il ne fallait pas longtemps pour se rendre compte que les gens font tous la même chose, sans s'en rendre compte. Notre seule activité une semaine durant était de surveiller l'activité d'un établissement, et les défauts de sécurité nous sautaient au visage.

En quelques jours, nous savions exactement tout ce qu'il fallait.

Le nombre d'employés.

Les heures d'arrivée à la minute près.

Le ballet des convois de transport de fonds.

Les heures de pause.

Les trajets des caissiers sur les derniers mètres qui les séparaient de la banque.

Les heures d'ouverture des commerces alentour.

Les heures de passage des bus.

Les circuits des bennes à ordures.

Nous savions exactement quel était le créneau le plus propice pour agir, celui dans lequel nous croiserions le moins de monde possible. Et, bien souvent, c'était l'heure d'ouverture qui était la plus propice à nos petites affaires.

Et puis, enfin, nous arrêtions une date. La veille du jour choisi pour frapper, Jacky se mettait en quête d'une voiture qu'il déplaçait. Le soir, à la Nuit, nous prenions connaissance de l'endroit où notre bolide nous attendrait le lendemain matin, tôt. Chacun ensuite était responsable de son matériel. Chacun venait avec son arme, son petit attaché-case, très en vogue à l'époque, et très pratique pour y aligner les liasses de billets, ses gants, son chapeau, sa fausse moustache, ses lunettes éventuellement. Moi, je ne me grimais pas trop, ça n'était pas mon truc. Je portais en revanche toujours une casquette. Mes complices, eux, brouillaient les pistes avec tantôt une perruque, tantôt une fausse barbe.

Le Crédit Agricole de Gennevilliers eut les honneurs de mon premier hold-up à main armée, en compagnie de Jacky et de Christian Jubin. Ce matin-là, nous avions rejoint Jacky dans le centre de Paris, où la voiture nous attendait depuis la veille. Nous avions roulé vers le nord, le jour n'était pas encore levé. Jacky nous avait déposés à quelques centaines de mètres de la banque, Jubin et moi terminant notre bout de chemin à pied, chacun sur un trottoir différent, sans échanger un regard. Pour cette première fois, Christian pénétrerait par l'arrière. L'idée était d'entrer en même temps que le dernier caissier qui arrivait juste avant l'ouverture. L'un de nous pousserait le caissier à l'intérieur, et l'obligerait à ouvrir la porte sur rue, car c'est par là que nous partirions, histoire de ne pas perdre de temps. Ainsi, les employés seraient sous contrôle en moins d'une minute. Nous agirions avant l'arrivée des premiers clients et quitterions la banque avant d'entendre les premières sirènes, si toutefois l'alerte était donnée. Notre repérage savamment mené nous avait permis d'apprendre que dans cet établissement, trois employés arrivaient à cinq minutes d'intervalle. Deux femmes et un homme. Parfois, les deux femmes venaient en même temps. L'une était très jeune, l'autre aurait pu certainement être sa mère. L'homme qui se montrait le dernier était certainement leur chef, voire le directeur de cette succursale. Il avait la cinquantaine, un physique grassouillet, pas vraiment le genre à nous filer le train. Le transport de fonds ne passait pas tous les jours. Il passait plutôt dans la journée, rarement avant l'ouverture. Nous avions considéré que nous pointer le lendemain d'un dépôt de fonds était de bon augure. Il resterait suffisamment de liquidités dans les tiroirs.

Assis à l'arrêt de bus, planqué derrière un journal, j'attendais patiemment 9 heures moins cinq. Jubin avait été très ferme à ce propos. Je ne devais pas approcher de la porte principale avant ce moment-là, soit cinq minutes avant l'ouverture. J'aurais alors l'air d'un client qui attendait l'ouverture, ce qui ne pouvait pas éveiller les soupçons. Une fois entré par l'arrière, il demanderait au caissier de ne pas lever le rideau, mais je le verrais bouger pour déverrouiller la porte. Là, j'aurais quelques secondes pour m'engouffrer dans la banque, et braquer mon arme sur l'employé.

Je ne retins rien des nouvelles imprimées dans le journal ce matin-là. Je guettais ma montre. Neuf heures moins cinq. Je repliai mon journal, ouvris mon attaché-case sur mes genoux et y glissai les pages froissées de l'édition de *L'Humanité* de la veille. Je traversai la route calmement, sans regarder autour de moi, ce qui aurait pu attirer l'attention. Au contraire, je ne quittai pas le rideau déroulé devant la porte vitrée, et masquant l'intérieur de la banque.

Jubin avait vu juste.

À peine deux minutes après que j'eus quitté mon abribus, je vis une main passer devant le rideau et s'affairer sur la serrure. C'était le signal. Comme le voulait le plan, Jubin avait laissé les deux caissières entrer, puis il s'était approché de la porte pour attendre le troisième. Une fois que celui-ci avait ouvert, il avait jailli derrière lui, pointant son arme sur sa tempe, l'avait forcé à entrer et, sans lui laisser le temps de réfléchir, il avait intimé aux deux femmes de se plaquer contre un mur et avait poussé l'homme vers la porte qui ouvrait sur la rue.

Le rideau s'écarta à peine.

Je vis juste la main tremblante à l'annulaire orné d'une chevalière s'attarder sur la serrure. Ni une ni deux, j'avais déjà la main sur la poignée de la porte qui s'ouvrit sans difficulté. En moins de dix secondes, je fus à l'intérieur, sommant le caissier de refermer et de laisser la clé sur la porte. Jubin tenait en joue deux jeunes femmes aux mises en plis parfaites, hébétées par la situation. J'ignore s'il leur avait demandé de lever les mains. Le fait est qu'elles étaient toutes deux face au mur, les bras levés. Je ne vis pas leur visage. Le caissier fut poussé vers le même mur que ses deux collègues, à gauche du comptoir, à proximité de l'arrière-salle. Ils étaient là, à l'opposé de la porte par laquelle nous allions fuir et à bonne distance du signal d'alarme. Les mains plaquées sur le mur, le front appuyé, les yeux baissés, le directeur de la succursale fixait la pointe de ses mocassins luisants. Il n'y eut pas un mot échangé. Juste un avertissement de Jubin.

— Pas un mot. Pas un geste, et tout ira bien.

Son assurance était telle que personne n'eut envie de le contredire.

À 9 heures pétantes, dès que j'avais franchi la porte de la banque, Jacky avait garé la DS devant la banque, le moteur tournant, le pied au-dessus de l'accélérateur, prêt à démarrer.

Jubin et moi étions passés de l'autre côté du comptoir. Les deux attachés-cases étaient posés sur les bureaux, les tiroirs furent ouverts en un tour de main. Sans réfléchir, sans compter, nous vidâmes leur contenu en une poignée de secondes, nous saisissant des liasses maintenues par un élastique coloré, sans nous soucier du montant dont nous nous emparions. Les tiroirs vidés, les attachés-cases furent refermés aussi sec. Nous nous dirigeâmes vers la sortie, non sans ordonner à nos trois otages de ne pas bouger. En moins de dix pas, nous fûmes installés dans la DS et quittâmes le quartier de mon premier hold-up.

La station de métro la plus proche se situait sur la ligne 13, Carrefour-Pleyel. Comme nous l'avions décidé, dès la Seine franchie, Jubin descendit de voiture et rejoignit la station à pied. Jacky poursuivit vers la porte de Clignancourt, où je m'engouffrai dans la ligne 4. Il laisserait le véhicule quelque part entre la porte de Clignancourt et la porte de La Chapelle, pour emprunter la 12. Nous nous étions donné rendez-vous en fin de journée dans mon meublé.

Comme prévu, Jacky et Christian arrivèrent à quelques minutes d'intervalle. Les deux attachés-cases furent vidés sur la table et les trois parts égales, vite réparties. Il n'y eut aucun commentaire sur le trajet du retour, ni sur l'endroit où la voiture avait été laissée. Dès lors que nous nous séparions, chacun reprenait son chemin et ses responsabilités. Moins nous en disions, mieux c'était pour les deux autres. Un vieil adage dans le banditisme consistait à dire que moins l'on en savait, moins l'on était tenté d'en dire. Non que nous fussions de grands bavards. Mais sous le coup d'une arrestation, un mot en entraînant un autre, on pouvait parfois lâcher des informations sans vraiment s'en rendre compte. Alors nous ne parlions pas de qui nous avions rencontré en route, de l'itinéraire emprunté, des palpitations si nous croisions des flics. Jubin et Jacky enroulèrent les billets en petits rouleaux serrés qu'ils répartirent dans leurs poches et dans les petites sacoches, du genre baise-en-ville, qu'ils trimballaient. Ma part rejoignit plusieurs petits sacs plastiques que je cacherais plus tard, dans différents endroits de mon meublé.

Nous prîmes l'habitude d'aller fêter ça. Chaque hold-up réussi était couronné le soir même d'un vrai festin. Nous débarquions tous les trois aux meilleures tables parisiennes, et ne nous refusions rien.

Champagne.

Grands crus.

Crustacés.

Tournedos Rossini.

Desserts prestigieux.

Cognac Grande Champagne.

Évidemment, tel n'était pas notre train de vie, il aurait sinon fallu braquer des banques tous les deux jours. Mais, le soir du hold-up était un moment particulier, digne d'un réveillon qui pouvait durer une partie de la nuit.

Ensuite, chacun reprenait son chemin, bien plus riche que la veille, et sa vie aussi, là où il l'avait laissée, jusqu'au coup suivant.

6

Amoureux

Je n'avais jamais vu Évelyne, jusqu'à ce soir de 1965. J'étais, comme d'habitude à la Nuit, tranquillement accoudé au bar, à siroter un verre de vin, quand d'un coup, ce petit de bout de femme surgit, affolé par une rafle en cours dans un bar voisin. Elle était là, tremblante sur ses hauts talons, ses frêles jambes parées de bas Nylon noir dont on devinait la jarretière sous la jupe moulante. Elle devait avoir tout juste 20 ans, ses longs cheveux blonds encadraient un visage à peine sorti de l'adolescence. Elle était d'une beauté à couper le souffle. Je l'invitai à s'asseoir près de moi, histoire de faire comme si nous étions ensemble. Là, perchée sur son tabouret, elle se donna de grands airs, une assurance qui ne me laissa pas indifférent, moi qui adoptais souvent une attitude similaire pour impressionner. Elle avait l'air sûre d'elle, bien à sa place. Le jeune homme que j'étais ne resta pas insensible à ce charme. Ce qu'une femme comme elle faisait là ne m'intéressait guère. J'étais de ceux qui vivent l'instant présent, j'avais appris à poser peu de questions. Je lui commandai un verre de vin blanc, qu'elle accepta sans rechigner.

Depuis le temps que je traînais dans les bars de Pigalle, j'en avais vu, des prostituées, se faire offrir des verres pour attirer le client, parler fort, agiter des décolletés provocants sous les yeux du chaland alléché, se frotter aux costumes. Évelyne ne me semblait pas de cette trempe-là.

Trop jeune.

Trop jolie.

Trop frêle.

Elle ne me paraissait pas perdue, mais pas aguicheuse non plus.

Ses mains fines aux ongles vernis s'enroulèrent autour du verre avec une certaine classe. Les présentations d'usage effectuées, nous entamâmes la conversation. Je ne révélai rien de mes activités peu louables. Pour elle, à ce moment-là, je restais le poseur de sols plastiques. La seule vérité que je m'autorisai portait sur le sort funeste de mes parents, mon arrivée précipitée à Paris, mon meublé du 17e, ma petite vie tranquille. Le reste, je le tus. Elle n'avait pas besoin d'en savoir beaucoup plus pour le moment.

Évelyne me raconta à gros traits sa courte vie. Une enfance heureuse en Normandie, au sein d'un foyer stable, entourée d'une famille aimante. Un certificat d'études en poche, elle avait appris la sténodactylo et s'était empressée de chercher du travail. Elle avait été embauchée dans un cabinet d'assurances où elle avait fait ses preuves et supporté les mains baladeuses du patron, un homme vicieux qui voyait en chaque secrétaire une belle opportunité de s'envoyer en l'air. Si certaines de ses collègues avaient peut-être profité des largesses de ce patron grossier moyennant quelques faveurs sexuelles, Évelyne ne l'avait pas laissé faire. Un jour où il avait tenté de la coincer dans son bureau, elle l'avait giflé et avait été renvoyée sur-le-champ. Depuis, elle écumait les banques, les assurances, les administrations, à la recherche d'un nouvel emploi, et s'autorisait parfois, en fin de journée, un petit verre pour se détendre.

C'est ainsi que nos chemins s'étaient croisés ce jour-là, dans ce bar. Elle avait l'air d'un petit moineau perché sur son tabouret. Elle était belle à croquer et, je l'avoue sans honte, ce soir-là, j'aurais bien fait qu'une seule bouchée de cette jolie Évelyne.

Mais je fus sage.

Il ne fallait pas effrayer ce petit moineau, mais le rassurer. Je m'insurgeai donc à l'évocation de l'indélicatesse de l'ancien patron, encensai le courage de cette toute jeune femme de 1,55 mètre et lui assurai qu'il ne méritait pas mieux que sa gifle ! Si j'avais été le petit ami d'Évelyne, je serais moi-même venu lui faire ravaler sa fierté ! Je vis dans les yeux en amande de ma jeune invitée qu'elle appréciait ma prise de position.

Quelques heures et quelques verres plus tard, Évelyne et moi étions toujours là, les yeux dans les yeux. De temps à autre, elle posait sa main sur mon bras et je sentais mon cœur vaciller. Je buvais ses paroles, je débitais quelques blagues pour la regarder rire encore, voir sa tête basculer en arrière et contempler la peau diaphane de son cou gracile, voir ses grands yeux se plisser et son sourire illuminer son visage tout entier. Plus elle me parlait, plus j'avais la conviction que je venais de faire une rencontre déterminante. J'avais la certitude qu'Évelyne, qui venait d'entrer dans ma vie par hasard, y ferait un long bout de chemin. J'avais déjà rencontré des femmes, bien sûr, j'avais connu quelques relations épisodiques. Mais aucune de celles avec lesquelles j'avais flirté ne m'avait fait un tel effet avant le premier baiser échangé.

Évelyne, c'était le ravissement à l'état pur. Là, en quelques heures à ses côtés, je me sentis l'homme le plus puissant du monde, et le plus fébrile. Il ne se passa rien ce soir-là. Je fis un bout de chemin avec elle, pour la raccompagner devant un immeuble près de la gare Saint-Lazare où elle m'avait dit habiter. Je la regardai déverrouiller la lourde porte cochère, se glisser dans cette entrée, m'assurai que le battant se referme sur elle, puis je rebroussai chemin vers les Batignolles, le cœur léger, impatient de la revoir, le lendemain peut-être.

Nous nous étions retrouvés plusieurs soirs de suite dans le même bar. Nous avions délaissé le comptoir pour nous installer à une table. Évelyne arpentait Paris à la recherche d'un nouvel emploi, quand je passais mes journées à épier les immeubles cossus en quête de mon prochain larcin. Je ne lui en avais rien évidemment dit, j'avais suffisamment de souvenirs de ma vie de salarié pour être capable de lui parler de ma journée, des livraisons en retard, des nouveaux produits hors de prix, des clients exigeants, des embouteillages, de mon collègue blagueur, de mon patron grincheux, et tenir la conversation.

Ce n'est que le quatrième soir qu'Évelyne finit par me suivre jusqu'à mon meublé. Je l'embrassai à peine le porche de l'immeuble franchi, et nous eûmes toutes les peines du monde à faire taire nos corps impatients dans l'escalier qui menait à mon palier, jusqu'à nous jeter tout habillés sur le lit.

Cette première nuit fut un voyage au paradis.

Elle était aussi délicate que j'étais maladroit, aussi féline que j'étais fougueux. Elle était d'une sensualité folle et je sus, alors qu'elle s'endormait, la tête sur mon épaule, que plus rien ne serait pareil.

J'avais eu une vie avant Évelyne.

Désormais, elle était là, endormie contre moi, elle emplissait mon espace, prenait toute la place et pour elle, en une seule nuit, je me sentis prêt à tout.

Je dormis peu cette nuit-là.

Mon esprit ne me laissait pas en paix.

J'échafaudai des plans sur la comète.

J'étais torturé, car je lui avais menti.

Enfin, menti. Je n'avais pas tout dit.

J'allais devoir tout lui avouer et prier très fort que cela ne la fasse pas fuir. Surtout, étais-je capable de rentrer dans le moule ? Serais-je en mesure, moi qui avais fait mes preuves en réussissant plusieurs larcins et qui gagnais très bien ma vie, de revenir à une existence faite d'un vrai travail et d'horaires de bureau ? Serais-je capable, pour elle, d'être un homme bien sous tout rapport, un époux rassurant, prêt à bâtir un foyer sécurisant ? Je n'en étais pas si sûr.

Alors que le jour se levait, je n'étais pas certain de pouvoir renoncer à la liberté que j'avais conquise. Il allait falloir, désormais, que je compose avec Évelyne, car je n'étais pas prêt à renoncer à cette femme. J'avais trouvé une pépite, elle était certainement le plus joli cadeau que la vie venait de me faire, je n'allais pas laisser passer cette chance.

La vérité fut finalement moins difficile à avouer que ce que j'avais imaginé toute la nuit durant.

Évelyne se réveilla, soucieuse. Cela me laissa perplexe, tant je me sentais fou d'amour pour elle. Elle ouvrit les yeux et esquiva le baiser que je m'apprêtais à lui donner. Elle s'empressa de se lever, de ramasser ses affaires et se hâta à s'habiller. Je restai surpris, étendu sur le lit, la regardant s'agiter, sans comprendre.

Je crus d'abord qu'elle regrettait.

J'eus peur de lui avoir volé sa première fois, même si ça n'était pas l'impression que j'avais eue cette nuit.

J'imaginai qu'elle était déjà fiancée à un autre qu'elle venait de tromper dans mes bras et que, me voyant sous le charme, elle était embarrassée à l'idée de me faire souffrir.

J'imaginai mille choses plus farfelues les unes que les autres quand, enfin habillée et recoiffée, elle s'assit près de moi, me prit la main et me demanda pardon par avance, car elle savait déjà que ce qu'elle avait à m'annoncer n'allait pas me plaire, et allait même certainement précipiter notre rupture. Je me redressai, la serrai contre moi, lui embrassai la tempe et tentai de la rassurer. Je la perçais comme un enfant, mais la sentis tressaillir dans un sanglot. Mon petit moineau semblait perdu, affolé. D'un coup, elle desserra notre étreinte. Elle ferma les yeux, inspira un grand coup. Alors, comme elle avait pris son courage à deux mains, elle lâcha l'impensable vérité.

— Je me prostitue.

Elle avait laissé tomber ces mots crûment, les yeux baissés, son regard ne quittant plus le sol. Tout d'un coup, la femme d'une sensualité folle avec laquelle j'avais passé la nuit devenait minuscule. Si elle avait pu se terrer sous le tapis, elle l'aurait fait. Je la sentais percluse de honte, assommée par son mensonge, consciente du risque qu'elle me faisait courir aussi. Elle ne put retenir ses larmes, et m'assura qu'elle avait passé la nuit avec moi par plaisir, qu'il n'était pas question d'argent entre nous, ni aujourd'hui ni jamais. Elle m'avoua qu'elle aussi avait ressenti ce vent de fraîcheur souffler sur nous deux et j'avoue que rien de la nuit que nous avions passée ensemble ne m'avait laissé penser que j'avais eu recours aux services d'une professionnelle.

J'entourai ses épaules de mes bras, posai un baiser sur ses cheveux et lui relevai le menton. Le baiser que nous échangeâmes à ce moment-là était le serment que je ne la jugeais pas, que j'étais tellement épris d'elle que, quoi qu'elle eût fait, j'accepterais tout. Surtout, je n'oubliais pas que j'avais moi aussi mon lot de secrets, de petits arrangements avec la vérité, et que moi aussi, je courrais le risque de la perdre quand elle saurait.

Elle m'avoua qu'elle avait commencé à arpenter les trottoirs après avoir été renvoyée de ce cabinet d'assurances. Elle n'avait eu aucun mal à aguicher les premiers clients. Elle était belle comme le jour, élégante, avenante. Elle n'avait rien à voir avec les prostituées du quartier qui se pavanaient en petite tenue de jour comme de nuit, racolant très ouvertement en exhibant des décolletés plongeants aux fenêtres des voitures qui s'arrêtaient.

Chaque jour, elle se disait que cette passe serait la dernière… puis l'argent manquait à nouveau. Elle y retournait. Finalement, vendre ses charmes représentait pour elle de l'argent facile, elle était jeune et très jolie, bien plus attirante que la plupart de ses comparses, elle avait un certain succès. Elle travaillait seule, uniquement la journée. Elle tombait sur des maris frustrés, des employés de bureau qui venaient se divertir entre midi et deux. La nuit, ce n'était pas la même chanson. Le public n'était plus le même, les risques, bien plus grands de se faire maltraiter, de tomber sur un proxénète violent et peu scrupuleux. La nuit, Évelyne rentrait chez elle, dans le quartier Saint-Lazare, c'était le meilleur moyen d'échapper aux descentes de flics.

Finalement, en l'écoutant, je nous trouvai quelques points communs.

Un attrait certain pour l'argent facile.

Une soif de liberté à protéger à tout prix.

Un caractère bien trempé.

Une certaine audace qui rendait tout possible.

J'étais fou d'elle depuis le premier jour, et après cette première nuit et ces révélations, je le fus encore plus. Ma jolie poupée tout juste majeure était déjà connue des services de police, puisqu'elle était déclarée au bureau de Saint-Lazare. Il y avait là un dispensaire dans lequel les femmes de petite vertu se faisaient soigner. Ce lieu, qui avait été une prison pour femmes jusqu'au milieu des années 1950, était devenu une maison de santé. C'est là que siégeait aussi le « 2e bureau », où les prostituées devaient se faire connaître. Le nom de mon Évelyne figurait donc dans les registres de l'administration, au rang des filles de joie.

Moi, je n'étais connu des services de police que pour ma désertion, et j'avais payé. La bleusaille recherchait probablement des malfaiteurs, auteurs de vols dans de grands appartements parisiens, mais rien ne laissait penser que j'en étais. Il était évident que les victimes de nos forfaits avaient déposé plainte, mais nous opérions de telle manière qu'il était bien difficile de nous identifier.

Pas de traces, ou si peu.

Pas d'empreintes.

Pas de bruit.

Un casier au tribunal militaire, sans aucun lien avec le monde judiciaire public.

Personne ne me connaissait. J'avais parfaitement conscience de passer sous les radars et tant que je serais prudent, il n'y avait aucune raison que cela change.

J'avouai donc à Évelyne quelques-uns de mes larcins, et minimisai certainement quelques faits d'armes. La parole libérée, elle sut tout de ma vie, de mon enfance à mon arrestation pour désertion, des vols dans les grands appartements aux hold-up dans les petites agences bancaires parisiennes, de mes trois mois de prison à la Santé à mes complicités avec quelques malfaiteurs plus aguerris que moi. Elle aurait pu me fuir, me détester, prendre peur. Au lieu de quoi elle me serra plus fort. Je ne sais ce qui nous excitait le plus : être l'un contre l'autre ou nous sentir des âmes de Bonnie and Clyde[1] des temps modernes.

Elle promit de ne plus vendre ses charmes.

Je promis d'être prudent.

Elle promit de ne jamais me trahir.

Je promis de lui donner une jolie vie.

Elle promit de m'aimer pour l'éternité.

Je promis de ne jamais la quitter.

Le pacte était scellé, elle s'installa dans mon meublé.

---

1. Bonnie Parker et Clyde Barrow, criminels américains, tués le 23 mai 1934 en Louisiane, après que le clan Barrow eut perpétré une quinzaine de meurtres.

7

Voyous

À l'heure où ma chère Évelyne entrait dans ma vie, les vols à main armée et autres hold-up étaient devenus un sport national dans la capitale. Chaque jour, les banques parisiennes étaient prises d'assaut par des bandes de voleurs, plus ou moins bien organisées. Chaque jour, la ville était le siège d'une trentaine de hold-up de banques, dévalisées par deux, trois ou quatre illuminés plus ou moins dangereux.

Finalement, Jubin et moi ne faisions pas figure d'exception et espérions justement nous noyer dans la masse. Alors que nous forgions nos armes, l'État décida de la création de la Brigade d'intervention de la police judiciaire française. Il fallait montrer d'une manière ou d'une autre que l'État ne restait pas insensible au fait que chaque jour, des centaines de guichetiers se rendaient au travail, la peur au ventre, que des millions de francs étaient dérobés, et qu'il cherchait un moyen de régler ce problème qui enflait jour après jour.

La BRI.

Dite aussi l'Antigang.

Placée sous le commandement du commissaire François Le Mouël dès sa création en 1964, elle regroupait déjà tout ce que la police avait de plus entraîné sous la main : des flics en civil, fins limiers, armés jusqu'aux dents, dopés à l'action et à l'adrénaline, comme les braqueurs que nous étions. Au jeu du gendarme et du voleur, nous devions être malins, car ils étaient nombreux, très entraînés, patients, de très bons négociateurs, des enquêteurs hors pair, et surtout, ils n'intervenaient qu'en flagrant délit, donc dans un moment de stress intense, tant pour eux que pour les braqueurs. Bref, nous le savions, nous avions l'élite à nos trousses, la crème de la crème.

François Le Mouël était à cette époque le policier le plus célèbre de France, flanqué de son illustre chef-adjoint Robert Broussard, qui dès 1972 avait été propulsé devant toutes les télévisions de France pour avoir déjoué une prise d'otages à Brest, et avait fait sensation l'année suivante en parlementant des heures avec Jacques Mesrine, retranché dans un appartement parisien. Voilà à qui nous avions affaire : deux patrons de la BRI auxquels je dois bien reconnaître un certain courage et une sacrée poigne. Entre 1969 et 1972, les histoires de hold-up faisaient chaque jour la une des journaux.

Après mai 1968, les voyous de mon espèce s'étaient sentis pousser des ailes. Plus rien ne nous arrêtait, nous inventions nos règles, et n'obéissions qu'à nos propres lois. Cette jeunesse arrogante dont je faisais partie était largement nourrie par le cinéma français de l'époque qui nous donnait des idées, à commencer par les chefs-d'œuvre de Jean-Pierre Melville, Claude Sautet ou Henri Verneuil dans lesquels Jean-Paul Belmondo, Jean Gabin, Lino Ventura ou Alain Delon étaient tour à tour flics ou voyous. Déjà, dans *Bob le Flambeur* de Melville, en 1955, planait l'idée que, pour se refaire financièrement, il suffisait de prendre l'argent là où il était : dans un coffre ! De quoi alimenter l'imagination du môme turbulent que j'étais. Bien avant *Le Clan des Siciliens* d'Henri Verneuil en 1969, *Touchez pas au grisbi* (1954) et *Mélodie en sous-sol* (1963) avaient suscité quelques vocations, dont la mienne.

Ma très chère Évelyne ne fut pas étonnée outre mesure quand, les jours et les nuits passant, je la mis au parfum de plus en plus précisément de la manière dont je gagnais ma vie, pas plus glorieuse que la sienne, d'ailleurs. Maintes fois je lui avais demandé d'arrêter de se prostituer. Au-delà du fait que savoir que d'autres hommes posaient leurs sales pattes sur le corps de ma dulcinée me rendait fou, elle savait qu'en habitant chez moi, elle me faisait courir le risque de tomber pour proxénétisme. Elle en avait conscience, mais considérait que, dès lors qu'elle ne jugeait pas mes activités, elle était libre de gagner sa vie comme elle l'entendait. En l'occurrence, elle ne prenait aucun plaisir à se prostituer, le boulot était alimentaire. C'est ainsi que j'eus l'idée de l'embarquer dans mes petites affaires. Après tout, Évelyne savait conduire, elle pouvait très bien être notre pilote. Je ne lui demandais pas de voler les voitures ou braquer les banques, juste de nous conduire avec souplesse et une certaine adresse, dans les rues parisiennes, qu'elle connaissait comme sa poche. Surtout, dès lors qu'elle participait aux braquages, elle prenait aussi sa part, ce qui était un atout supplémentaire pour notre avenir. Et puis, nous passerions nos journées ensemble, et elle pourrait cesser de faire le trottoir.

Jacky avait fini par raccrocher. C'est ainsi qu'Évelyne devint notre chauffeur officiel. Le reste du plan ne changea pas. Le trio que nous formions avec Jubin fonctionnait, nous nous connaissions bien, chacun remplissait pleinement la mission qui lui était dévolue et tout allait pour le mieux dans le meilleur des mondes.

Si Évelyne et moi nous contentions des coups montés avec Jubin, lui mangeait un peu à tous les râteliers. Il jouait dans différentes équipes, qu'il avait plus ou moins montées, dont les gars étaient plus ou moins fiables, et s'acoquinait parfois avec le mauvais cheval. Nous étions à la fois très complices, parfaitement en confiance l'un avec l'autre, et très différents sur certains sujets. Ce qui nous différenciait franchement, c'était la motivation. Si j'étais évidemment comme lui dopé à l'adrénaline, mon unique but était l'appât du gain, l'argent facile, la prise de risque minimum. Nous faisions un coup, je récupérais mon dû et disparaissais de la circulation, je menais une petite vie paisible avec Évelyne, assez rangée d'ailleurs, je ne me faisais pas remarquer. Seul le manque d'argent me faisait remonter en selle. Alors, je retournais à la Nuit, je retrouvais mon vieux complice, nous reprenions les rondes, la surveillance, montions le coup, et dans le mois, je me refaisais une santé financière au Crédit Lyonnais ou à la Société Générale, sur le dos des banques. Finalement, dans ce trio un peu détonnant, je faisais figure du type raisonnable, celui qui savait s'arrêter au bon moment.

Jubin, lui, était avant tout guidé par la dopamine. Surprendre des caissiers derrière leur comptoir, leur piquer les liasses de billets entassés dans les tiroirs et prendre la poudre d'escampette lui procurait un tel plaisir, une telle adrénaline, qu'il était sans arrêt en quête de sensations fortes. Évidemment, il prenait l'argent, mais ce qui l'excitait par-dessus tout, c'était le coup en lui-même. À ce jeu-là, il n'était jamais rassasié, il lui en fallait toujours plus. C'est d'ailleurs ce qui le rendait dangereux, car il pouvait se montrer imprévisible. J'avais appris à le connaître, il était aussi impulsif que j'étais posé, aussi gouailleur que j'étais silencieux. Lors des braquages, c'était lui qui criait le plus fort sur les caissiers, lui qui les brusquait. Moi, je contrôlais mes nerfs, j'agissais méthodiquement, sans perdre mon sang-froid. Et puis, je le savais, l'excès de confiance, la recherche du shoot d'adrénaline pouvait pousser Jubin à commettre des erreurs.

Comme mon intention n'était pas de piller les banques les unes après les autres, mais de me servir quand j'en avais besoin, je n'étais pas le bon complice pour multiplier les coups. Alors, Jubin trouva d'autres comparses.

Armand Zorelli.

Guy Leroy.

Marcel Lambert.

Michel Legal[1].

Que des petites frappes, des gars pas fiables, des opportunistes avec lesquels je n'avais en commun que le banc des accusés sur lequel nous nous retrouverions quelques années plus tard. Jamais il ne me serait venu à l'idée de monter sur un braquage avec des types sans envergure. Et eux, il faut bien le dire, ils n'en avaient aucune. Ce n'était pas compliqué, je ne les sentais pas et ça me suffisait amplement pour ne pas céder à la tentation du braquage, si c'était pour me faire pincer. Il y avait dans ce groupe des bavards, des vantards, des gars qui, non contents du coup qu'ils venaient de faire, racontaient dans les bars avec qui ils avaient participé à quel braquage et comment ils avaient échappé aux flics. Ça me dépassait. Régulièrement, je disais à Jubin de se méfier, trop de choses me revenaient aux oreilles sans que j'aie à poser de questions, ça n'était pas sain et pas sûr.

1. L'identité de ces quatre malfaiteurs a été modifiée.

Je ne saurais dire combien de braquages nous avions commis, Jubin, Évelyne et moi, entre 1966 et 1969. Nous avions nos habitudes et atteint un rythme de croisière très satisfaisant à raison d'un ou deux par mois, sans mener une trop grande vie. Nous avions la paix. Nos choix se portaient de manière indifférenciée sur la Société Générale ou le Crédit Lyonnais. Nous évitions le Crédit Agricole pour la simple et bonne raison que c'est là qu'Évelyne avait un compte en banque. Moi, je n'en avais nulle part. Je n'en voyais pas l'utilité, d'autant que je ne connaissais que trop les risques que ces établissements prenaient dans ces folles années !

Je ne me mêlais pas de la vie de Christian Jubin, qui réalisait ses autres coups avec d'autres complices, ce dont je ne voulais surtout rien savoir. Je m'accrochais à mon principe : moins l'on en sait, moins l'on est susceptible d'en dire. Alors, je ne traînais pas avec les gars que je ne sentais pas et, surtout, j'avais appris depuis belle lurette à laisser traîner mes oreilles et à me taire.

Évelyne et moi habitions toujours dans mon meublé rue de la Condamine, nous nous autorisions quelques sorties, notamment les soirs de braquage. Nous fêtions alors, avec Jubin, notre réussite dignement, souvent dans l'un des plus beaux restaurants de la capitale. Notre préféré était La Table du Roi, passage de la Chaussée-d'Antin, à quelques centaines de mètres de la gare Saint-Lazare. Était-ce son nom qui sonnait comme une consécration à nos oreilles ou les mets raffinés qui nous plaisaient tant ? Un peu des deux, je suppose. Nous arrivions là en conquérants, en grands gagnants, et nous déballions les liasses sans aucune gêne. Après tout, cet argent, nous l'avions durement gagné… enfin gagné… Disons que les risques que nous avions pris méritaient amplement que l'on profite de notre magot. Puis chacun rentrait chez soi, jusqu'au coup d'après.

Tout allait pour le mieux dans le meilleur des mondes, nous approchions de la trentaine, mes quelques mois de prison pour désertion étaient loin derrière moi. Ce jour-là, deux flics en civil débarquèrent à la maison. Je dois dire que je ne les avais pas vus venir et la manière dont ils se pointèrent me laissa à penser qu'ils ne venaient pas pour les braquages. En effet, vu la force de frappe déployée par l'État depuis quelques années, j'étais convaincu que si je devais tomber un jour, on me cueillerait sur le lieu du hold-up, je serais alors cerné d'une dizaine de flics en civil pointant des armes sur moi, on ne viendrait pas me chercher dans mon salon. On me prendrait en flagrant délit, et je n'aurais certainement pas affaire à deux flics en imperméable, mais à une horde de types armés jusqu'aux dents.

Néanmoins, je fus sacrément surpris de les voir tous les deux sur le pas de ma porte. Le premier dégaina sa carte, le second, la paire de menottes. Je n'eus pas le temps d'entendre leurs noms, je retins juste que je venais d'être placé en garde à vue dans le cadre d'une affaire de proxénétisme.

Évelyne.

Bon sang, Évelyne !

Combien de fois le lui avais-je dit !

J'avais à peine eu le temps d'attraper ma veste que mes mains furent attachées devant moi et que l'on me poussait dans l'escalier jusqu'à la voiture qui attendait dans la rue.

Évelyne m'avait promis de ne plus se prostituer. Le temps du trajet jusqu'au quai des Orfèvres, je me repassai en boucle nos discussions, je ne pouvais pas croire qu'elle avait remis ça, alors que nous « gagnions » notre vie très confortablement. Ce n'était simplement pas possible. Nous partagions notre vie depuis au moins trois ans, si elle avait remis ça, je m'en serais rendu compte, nous étions ensemble la plupart du temps. L'un de nous deux avait été balancé, il ne pouvait en être autrement. J'imaginais fort bien les complices de Jubin se répandre sur ma vie plutôt que sur la leur. Il fallait se méfier des gens avec lesquels on parlait, dans les bars notamment. Souvent, des flics en civil se posaient au comptoir, écoutaient les conversations, en étaient parfois, se faisant passer pour des malfaiteurs, et arrachaient ainsi des confidences.

La vérité était bien moins glorieuse. En réalité, bien qu'Évelyne ait cessé ses agissements répréhensibles depuis des années, elle ne l'avait jamais fait savoir au bureau, si bien qu'elle était toujours enregistrée comme prostituée en activité. Son adresse étant la mienne depuis pas mal de temps, j'étais évidemment une proie facile, un proxénète tout désigné. Il faut dire qu'à la fin des années 1960 à Paris, après le braquage de banques, le proxénétisme était probablement le délit le plus couramment perpétré, la libération des mœurs n'y étant pas étrangère ! Évelyne s'était fait contrôler quelque part, son adresse avait été vérifiée, les flics avaient débarqué chez elle et m'y avaient trouvé, moi, le locataire bien sous tous rapports.

J'étais dépité.

Le policier tapait ma déposition du bout de ses deux index, sur une machine à écrire hors d'âge, la clope fumante au bec. Lui aussi était dépité. Être coincé au bureau pour entendre un pseudo-proxénète sans intérêt, alors que ses collègues couraient derrière des malfrats de grande envergure, tu parles d'un boulot pourri ! Si seulement il avait su à qui il avait réellement affaire… C'était finalement ma seule distraction du moment : le laisser croire qu'il allait déférer au parquet un pauvre type qui s'était amouraché d'une prostituée et avait été pris à son propre piège. Le laisser penser que j'étais cet abruti qui tombait de haut. Je tentai tout de même d'expliquer qu'il y avait belle lurette que mon Évelyne ne faisait plus le trottoir, mais comme je ne pouvais justifier de son emploi, que nous n'étions pas mariés, et qu'elle figurait toujours sur leurs pseudo-listes, j'étais fichu.

Je fus donc déféré pour la deuxième fois de ma vie au parquet de Paris, devant un juge traitant les affaires de mœurs, dont les dossiers s'amoncelaient. Des types comme moi, il devait en voir passer tous les jours. Il espérait certainement tirer un jour le gros lot, tomber sur le proxénète qui ne faisait pas semblant de s'enrichir sur le dos de pauvres filles perdues et malmenées par la vie et leurs clients, ou sur le vrai trafiquant d'une traite des blanches dans le quartier de Pigalle. Il devait y en avoir, c'était certain. Mais je n'étais pas ce genre de client. D'ailleurs, il ne semblait pas plus convaincu que moi de mes supposées activités de proxénétisme. Il allait donc falloir qu'il se contente de cette pêche peu miraculeuse pour lui, mais qui me fit quand même écoper de huit mois d'emprisonnement, dans une nasse que je connaissais déjà, simplement pour que ce juge frustré n'ait pas complètement l'impression de perdre son temps. Disons que je payai l'infraction à la règle : Évelyne n'avait jamais fait savoir qu'elle ne se prostituait plus, cela suffit à me coller à l'ombre pour quelques mois.

Je fus de retour à la prison de la Santé, dans un autre quartier, avec d'autres détenus. Je ne peux pas dire que les lieux avaient beaucoup changé durant mes quelques années d'absence : nous étions toujours sept détenus entassés dans neuf mètres carrés. L'aménagement de la cellule était tel qu'on se serait cru dans un wagon-lit, sauf qu'ici, le voyage ressemblait au terminus. Il n'était même plus question d'intimité, ce concept était à oublier pour qui souhaitait survivre.

À sept dans une cellule, il régnait dans cet espace clos de moins de dix mètres carrés, aux murs parfois gorgés de salpêtre, un sacré bazar. Le mobilier était réduit à son strict minimum : deux lits superposés de trois couchettes collées aux murs, et une paillasse que nous glissions sous un lit le jour, et que nous mettions entre deux lits la nuit. Le dernier arrivé récupérait la paillasse au sol, c'était la règle et elle ne se discutait pas.

Dans un coin, le lavabo et les toilettes, planqués derrière ce drap que nous avions fixé au scotch double face d'un côté, aux barreaux de la fenêtre de l'autre. Ce drap était notre unique rempart, la seule possibilité de ne pas se retrouver à déféquer devant toute la cellule. Cette promiscuité générait autant de peurs que de stress, en plus d'un mal-être exacerbé.

Et les douches ! Parlons-en, des douches ! Collectives, bien sûr, avec un temps limité sous le jet d'eau, parfois froide, et pas plus d'une fois par semaine. Pour la toilette quotidienne, c'était encore dans la promiscuité de la cellule que nous occupions chacun à notre tour notre micro-salle de bains à l'abri du drap. Comme la cour de promenade, la douche collective était un lieu privilégié pour les règlements de comptes puisque nous y croisions les détenus des autres cellules.

Nous avions deux occupations possibles : la lecture et les pompes, que nous faisions à tour de rôle, car à sept dans une cellule, il ne restait pas grand place pour s'étendre au sol. On passait le temps en comptant le nombre de pompes ou de tractions que chacun était capable d'aligner, suspendu par les pieds ou accroché par les mains au lit positionné le plus haut. Nous ne sortions jamais, en dehors des douches ou des promenades. Il n'y a que dans les séries américaines que l'on voit des détenus se balader dans les coursives, les portes des cellules ouvertes toute la journée, ou regroupés dans d'immenses salles aux allures de salon télé. Aucune des prisons que j'ai fréquentées ne permettait ces libertés.

Même les repas étaient pris en cellule. Certains détenus qui pouvaient travailler passaient dans les couloirs avec la cantine ambulante. Les plateaux étaient glissés dans la niche créée à cet effet dans la porte de la cellule, qui restait fermée quoi qu'il arrive.

Qu'à cela ne tienne, cet enfer devait durer huit mois, je saurais prendre mon mal en patience et supporter les intolérables conditions de vie qui nous étaient imposées. Je me demandais souvent comment les détenus condamnés à de lourdes peines pouvaient endurer une partie de leur existence dans une telle promiscuité, un tel abandon de soi. Moi, je le savais, je supporterais… parce que ça ne devait pas durer.

Tout de même, sans être superstitieux, je me disais aussi que j'étais à l'ombre pour la deuxième fois en moins de dix ans et qu'il ne faudrait pas que le vieil adage « jamais deux sans trois » ne se réalise.

Évidemment, le meilleur moyen que cela n'arrive pas était de rentrer dans le rang, et encore, le risque de me voir inquiété pour un des braquages commis précédemment était bien réel. J'étais en effet très loin d'être responsable des faits qui m'étaient reprochés, étant donné qu'une semaine avant de tomber pour proxénétisme, je me faisais le tiroir-caisse d'une banque dont j'extirpais près de dix mille francs ! J'abandonnai assez vite l'idée de prendre ma retraite, alors que j'allais fêter mes 28 ans entre quatre murs grisâtres puant l'humidité, cerné par les cafards et les mauvaises fréquentations.

Pendant ces huit mois, je pris mon mal en patience, fis des pompes, en nourrissant une certaine colère, pour ne pas dire haine à l'égard de tout ce qui portait l'uniforme : les flics, les magistrats, les juges.

Huit mois durant lesquels Évelyne et moi fîmes des économies, elle avait de quoi tenir sans se laisser embarquer dans des braquages foireux avec Jubin et sa bande de pieds nickelés.

Huit mois durant lesquels je me pris à ébaucher quelques rêves, comme acheter une Chevrolet, quitter le meublé de la rue de la Condamine pour un appartement plus grand, plus confortable, et surtout épouser ma belle et adorable Évelyne, à laquelle il m'était bien difficile d'en vouloir.

8

Annus horribilis

1969, année héroïque pour Buzz Aldrin, Mickael Collins et Neil Armstrong, les passagers d'Apollo 11, les premiers à fouler le sol lunaire le 16 juillet.

Année psychédélique pour les milliers de participants au festival de Woodstock en août.

Année politique en France avec l'élection de Georges Pompidou qui succéda au Général démissionnaire, Charles de Gaulle, à la présidence de la République.

Année catastrophique pour moi.

1969 ne fut pas tout de suite une année catastrophique. Je peux même dire qu'elle avait plutôt bien commencé. J'avais purgé mes huit mois injustement infligés sans trop me faire remarquer et, comme je l'avais promis à Évelyne, qui avait passé des heures au parloir à me demander pardon, nous avions quitté le meublé rue de la

Condamine pour un appartement un peu plus spacieux à La Fourche. J'aimais ce vieux quartier proche de la porte de Clichy, coincé entre la place Pigalle et Montmartre, cosmopolite, qui vivait de jour comme de nuit, et qui restait proche de mes bonnes vieilles adresses.

Et puis, après un ou deux braquages, j'avais fini par acheter la Chevrolet de mes rêves. Attention, il n'était surtout pas question de braquer quoi que ce soit avec ma belle américaine ! On se serait fait repérer en deux secondes. Non, la Chevrolet, c'était pour la balade, pour emmener Évelyne au bord de la mer, et pour frimer un peu aussi !

J'avais jeté mon dévolu sur une Impala de 1967, beige, décapotable, avec une calandre acier rutilante, et une grande banquette avant en cuir beige. Mon rêve de gosse prenait vie dans ce bolide que je m'offris allègrement avec l'argent des autres, et je n'en avais pas honte. C'était avec cette voiture que je rêvais d'emmener Évelyne à l'hôtel de ville pour l'épouser enfin. Quatre ans que nous partagions notre vie, il était temps de sceller notre union, comme si le fait d'être mariés allait nous rendre plus forts, invincibles, imprenables. Les quelques mois de parloir m'avaient au moins permis de me rendre compte que bien plus que ma liberté, Évelyne m'avait manqué et que je tenais à elle comme à la prunelle de mes yeux. J'avais besoin d'elle à mes côtés et puisqu'elle avait enfin réalisé les démarches qui l'avaient définitivement rayée de la liste des prostituées parisiennes, j'étais légitime à l'épouser.

Nous décidâmes donc de nous marier le week-end du 14 juillet 1969, à Gueutteville-les-Grès, en Normandie, village du pays de Caux, proche de la mer, où elle était née et avait grandi. Autant dire que, dans ce bled paumé au milieu des champs de blé, les Normands ne devaient pas souvent voir passer de Chevrolet Impala ! Ce mariage, nous le rêvions grand, sans limites, et avec beaucoup d'amis. Il allait donc falloir gagner de l'argent, encore et encore.

Le début de l'année 1969 fut prolifique. Les casses nous semblaient de plus en plus faciles, nous ne prêtions même plus attention à la manière dont réagissaient les pauvres caissiers et caissières des banques sur lesquelles nous jetions notre dévolu. Les premiers temps, nous prenions des égards, rassurions les braqués, leur disions de ne pas s'en faire, que nous ne leur voulions aucun mal, que d'ailleurs, il ne s'agissait pas de leur argent. Nous ne dépouillions personne. Pas comme certains autres malfrats qui, non contents de dévaliser l'établissement, prenaient aussi les bijoux, porte-monnaie et tout ce qui pouvait avoir un peu de valeurs aux yeux des malheureux employés des établissements pillés. Nous, nous n'étions pas de cette trempe-là. Après tout, ces gens n'avaient rien demandé et les journaux regorgeaient de témoignages de caissiers qui venaient travailler la boule au ventre. Depuis deux ou trois ans, l'on en était à se demander quelle banque n'avait pas fait les frais d'un braquage à Paris ou en proche banlieue, tant il y en avait. Avec la force de l'habitude, nous prenions moins de gants, étions moins patients, faisions preuve d'un peu plus d'autorité.

Comme ce jour, dans une succursale de la Société Générale, où un caissier se sentit pousser des ailes et eut l'idée de se jeter sur le signal d'alarme. Il reçut la crosse de ma carabine à canon scié dans la pommette avant même d'avoir atteint le bouton rouge d'urgence. Il ne fallait quand même pas trop me chercher ! C'était la première fois que je brutalisais quelqu'un. Au fond, je ne lui voulais aucun mal, mais je n'allais quand même pas me faire prendre à quelques mois du mariage, à cause d'un banquier plus zélé que tous ceux que nous avions côtoyés avant lui ! L'avantage du coup de crosse, c'est qu'il suffit à faire comprendre qui avait l'autorité sur l'autre, qui aurait le dernier mot, et qui avait intérêt à se tenir à carreau. Il me semble bien que cette fois fut la seule au cours de laquelle j'eus à m'en prendre à quelqu'un. J'étais un voyou certes, mais un voyou pacifiste.

Il faut bien le dire, nous avions aussi quelques fous rires. Je crois qu'au fond, pour agir avec autant de sang-froid, et en un temps si court, il fallait que nous soyons dépourvus de sentiment. Les personnels des banques que nous braquions nous paraissaient déshumanisés. Ils n'étaient que des poupées de chiffon, des pantins que nous déplacions au gré de notre besoin. Un jour, alors que Jubin était entré dans la banque par la sortie de secours, tenant son pistolet contre la tempe d'une caissière et que j'arrivais par la porte d'entrée, elle ne put réprimer l'envie d'uriner qui l'avait guidée à l'arrière des lieux pour se rendre aux toilettes. Elle avait été saisie par l'irruption de son chef suivi de Jubin, armé jusqu'aux dents, dans l'étroit couloir qui menait aux toilettes. Là, Jubin l'avait sommée de faire demi-tour et de retourner vers le guichet. Elle s'était alors trouvée nez à nez avec moi et, saisie d'effroi, sa vessie la lâcha. Voilà que la pauvre petite dame venait de faire pipi sous elle, l'urine maculant son pantalon de flanelle bleue, tandis qu'elle fondit en larmes.

De honte.

De peur.

Je ne cherchai pas à savoir ! Le grand escogriffe que j'étais en pleura de rire en vidant les tiroirs de la banque. Elle en fut pour une belle frousse, mais cela ne nous atteignit pas. Nous étions insensibles à la peur éprouvée par tous ces gens, cette peur que nous parvenions à instiller en quelques secondes, et que nous maintenions une poignée de minutes.

C'était terrible d'en prendre conscience, et nous savions que, dès lors que nous éprouverions la moindre pointe de sentiment, nous serions fichus. Incapables de recommencer. Mais l'appât du gain était bien trop fort.

Ce jour-là, nous avions rejoint Évelyne dans la DS volée la veille comme à l'accoutumée, les yeux emplis de larmes tellement nous riions de cette situation. Nous racontâmes à Évelyne la frayeur de cette pauvre dame qui s'était apprêtée le matin pour venir travailler, qui deux heures plus tard allait rentrer chez elle, traumatisée et honteuse, l'urine inondant son joli pantalon bleu pâle. Et nous en riions encore en nous faufilant dans le métro quelques minutes plus tard.

La seule partie du plan qui avait évolué en quelques années, était le traitement réservé à la voiture pour commettre le casse. Lorsque Jacky la volait et conduisait, il l'abandonnait quelque part dans Paris, sur le trajet du retour, après nous avoir déposé chacun à une entrée de métro. Depuis que Jacky s'était rangé et qu'Évelyne était devenue notre chauffeur, le véhicule disparaissait de la circulation. En général, Évelyne et moi descendions à la première gare, arrêt de bus ou station de métro venue, Jubin reprenait le volant et partait s'en débarrasser, moyennant finances bien entendu.

Il fallait pour cela quitter Paris, s'éloigner en proche banlieue. Là, il connaissait des casses auto tenues par des mécaniciens à la petite semaine, des ferrailleurs peu scrupuleux qui, pour quelques centaines ou milliers de francs, faisaient disparaître la voiture de la circulation. Soit la DS était ancienne, déjà abîmée, facilement reconnaissable, et elle finissait, broyée dans une benne à ferrailles, par d'énormes mâchoires en acier. Soit, au contraire, elle était facilement maquillée et revendable. Alors, une seconde vie s'offrait à elle.

Changement de plaques.

Peinture neuve.

En deux ou trois jours de boulot à peine soigné, la voiture était méconnaissable et moins d'une semaine plus tard, elle était vendue à un autre voyou. Le propriétaire d'origine, lui, était certain de ne jamais la retrouver.

Recel de vol.

C'était le délit que nous ajoutions à notre palmarès qui comptait déjà le vol à main armée en réunion, parfois avec violence, et le port d'armes illicite, qui pouvaient déjà nous envoyer en prison pour une bonne dizaine d'années.

Ce larcin supplémentaire venait augmenter notre butin, à Christian ou moi. Rien n'était gratuit dans ce milieu, tout s'achetait et se revendait à prix d'or. Et il y avait tellement de DS sur le marché qu'elles se revendaient sous le manteau comme des petits pains. Jubin avait ses adresses, et il savait y faire. Quand il se chargeait de faire disparaître la voiture, je lui faisais confiance, je ne posais pas de questions. Moins j'en savais, mieux je me portais. Dès lors qu'il avait volé la voiture et s'était occupé de la faire disparaître, il gardait l'argent, c'était son bonus et ça m'allait très bien.

On pourra dire ce qu'on voudra, j'avais quand même un certain code d'honneur et un sens de la morale, très personnel, certes. Je ne prenais pas l'argent qui ne me revenait pas. Jamais je n'aurais accepté une somme que je ne serais pas allé chercher moi-même, c'était la meilleure manière de s'attirer des ennuis ou d'être redevable de quelqu'un. Or, il y avait des leçons que j'avais bien apprises, et depuis fort longtemps.

Ne pas poser de questions.

Ne toujours compter que sur soi-même.

Ne jamais rien devoir à personne.

Voilà au moins trois préceptes que je m'appliquais, et que je respectais au pied de la lettre. Je savais depuis longtemps que c'est à ce code de conduite que je devais mon salut. Dès lors que je trouvais qu'un gars parlait trop, je le fuyais comme la peste. Jubin, lui, était un peu moins regardant. C'était son problème. En tout cas, il gardait l'argent de la revente des véhicules et c'était très bien comme ça, je n'ai jamais considéré qu'il me devait quoi que ce soit. Je faisais de même lorsque c'était mon tour d'écumer les casses de la région. C'était la règle et nous ne discutions pas la règle.

Toutes les planques étaient bonnes pour dissimuler nos liasses de billets. Le sommier et le matelas étant des cachettes bien trop convenues, nous trouvions d'autres endroits moins évidents. Cela ne voulait pas dire que si nous nous faisions prendre, personne ne retrouverait notre butin. Mais nous compliquions la tâche.

Des cachettes creusées derrière des plinthes descellées.

Un faux fond de tiroir ou de meuble.

Une poche cousue dans un fond de valise.

La doublure d'un manteau.

Les creux des portières de la voiture.

Les billets étaient ainsi répartis en petits montants. Cinq cents francs par-ci, cinq cents francs par-là. Reconstituer le butin devait relever du parcours du combattant. Même la roue de secours de la Chevrolet Impala hébergeait son petit magot.

Cela nous valut d'ailleurs une belle frayeur un jour, alors que nous rentrions de week-end en Normandie par l'avenue de Clichy. Nous nous trouvâmes dans un ralentissement assez inhabituel à cet endroit. Comme à l'accoutumée, Évelyne conduisait. J'aimais me faire conduire et lui faire plaisir : piloter ma belle américaine était un vrai cadeau pour ma jolie blonde. Plus nous approchions de La Fourche, cet embranchement entre l'avenue de Clichy et l'avenue de Saint-Ouen, plus il semblait évident que les flics n'étaient pas étrangers à ce bouchon.

À une centaine de mètres de La Fourche, nous aperçûmes les gyrophares et deux estafettes de police garées en travers du carrefour. Nous ignorions si les policiers procédaient à de simples contrôles ou s'ils recherchaient précisément un type de véhicule. Ils étaient là, sifflets à la bouche, ordonnant aux automobilistes de s'arrêter, faisant le tour des voitures, réclamant parfois les papiers, faisant parfois ouvrir les coffres.

Plus nous avancions, plus j'observais leur manège, plus je me tassais sur la banquette avant. Je pensai à la roue de secours fixée dans le coffre et cherchai à me remémorer la somme qu'elle renfermait. Surtout, je me dis que nous transportions cette fois dans le coffre un petit attaché-case, vestige du dernier casse, dans lequel dormaient paisiblement des bons aux porteurs. On pourrait toujours justifier de se balader avec des liquidités.

Un gain aux courses.

Un emprunt remboursé par un ami.

Des économies, même.

Mais les bons aux porteurs, ça, c'était bien plus problématique. En effet, ils permettaient d'identifier immédiatement leur banque de provenance, une succursale du Crédit Lyonnais pillée trois jours plus tôt. Si les flics nous demandaient d'ouvrir le coffre, trouvaient la mallette, et parvenaient à l'ouvrir, nous serions arrêtés sur-le-champ et leur petit contrôle de routine se transformerait en gros coup de filet.

Pas question de faire demi-tour, nous serions immédiatement repérés et poursuivis.

Pas question non plus de forcer le barrage, nous serions également pris en chasse, le numéro de la plaque relevé et nous deviendrions immédiatement des fugitifs recherchés.

Évelyne avançait calmement, nous n'échangions plus un mot, sachant parfaitement à quoi l'autre pensait. Il ne fallait pas non plus que notre stress transparaisse, il serait immédiatement suspect. Alors, Évelyne monta simplement le volume de la radio qui crachait les standards du rock des années 1960, se regarda d'un coup d'œil rapide dans le rétroviseur, tandis que je posai le coude sur la portière, dans une fausse nonchalance. Je ne sais pas à quoi nous dûmes notre salut ce jour-là.

Au fait que les policiers cherchaient quelque chose de précis.

À la voiture suffisamment remarquable pour qu'ils se disent que des malfrats ne circuleraient pas dans un tel véhicule.

Au sourire d'Évelyne qui pilotait mon engin avec une réelle élégance.

À notre bonne étoile qui nous accompagnait.

Un peu de tout cela à la fois, je suppose. Le flic qui somma Évelyne de s'arrêter et s'approcha de sa portière jeta juste un bref coup d'œil à l'habitacle. Un de ses collègues fit le tour de la Chevrolet, impressionné par la ligne fuselée.

— Jolie voiture, lâcha-t-il.

Avant d'inviter Évelyne à circuler.

Sur le côté de la route, un type était adossé à la portière de sa Peugeot, attendant que les policiers aient achevé l'inventaire de son coffre. Alors qu'Évelyne redémarrait doucement, je pensai que se faire prendre à moins de cent mètres de la maison aurait été un sacré manque de chance. Quelque part en moi sonnait pourtant une alarme. S'il était écrit qu'un jour nous nous ferions coincer, nous devions redoubler de prudence. Or, je m'en rendais compte, nous étions de moins en moins attentifs.

Nous prenions des risques insensés. Nous nous comportions en grands vainqueurs, pensant que se faire attraper n'arrivait qu'aux autres. La force de l'habitude finirait tôt ou tard par nous coûter cher, de la même manière que les accidents se produisent souvent au cours de trajets du quotidien, ou après des gestes mille fois répétés.

La date du mariage fut fixée au 12 juillet 1969, date qui nous permettait au moins d'envisager de décapoter la Chevrolet. Les économies réalisées sur les casses de la première partie de l'année avaient permis à Évelyne de s'offrir la robe blanche de ses rêves. Je manquai de défaillir quand je la vis sortir de la maison de ses parents, dans cette robe ajustée à ses formes, ses longs cheveux blonds remontés en un chignon et parsemés de fleurs, un voile de tulle entourant ses frêles épaules. Elle était sublime, et je dois dire que nous avions fière allure en quittant la mairie, moi dans mon smoking, elle me prenant le bras d'une main et tenant son bouquet de tulle et de fleurs de l'autre.

Nous avions fêté ses 25 ans la veille. Ma jolie poupée blonde aux yeux clairs était la reine de la fête. Pour l'occasion, nous avions réuni près de soixante-dix personnes. Nos amis, la famille… enfin, ceux de mes frères et sœurs qui voulaient encore entendre parler de moi, les parents et la sœur d'Évelyne, fiers de la jeune femme qu'elle était devenue, belle, émancipée, amoureuse d'un homme charmant et travailleur. Quel beau couple, vous pensez !

J'avais remonté la nef de la petite église au bras de ma sœur Colette. La première fille de la fratrie, de douze ans mon aînée, qui avait remplacé ma mère, avait tenté de me donner l'éducation faisant de moi un bon garçon. Je ne pouvais pas dire qu'elle avait échoué, au contraire. Elle avait contribué à faire de moi un homme, en m'apprenant la confiance et le sens de la parole. Je lui avais donné sacrément de fil à retordre, à Colette, alors qu'elle-même était une jeune maman et avait d'autres chats à fouetter que de s'occuper de son jeune frère insolent. Elle m'avait laissé partir, confiante, quand j'avais rejoint mon frère Pierre à Paris pour travailler. Le reste, les chemins de traverse, les délits, les mensonges, elle n'en était pas responsable. Elle savait quelle vie je menais. Mais je ne lui disais pas tout pour la protéger. Je n'avais pas peur de lui faire honte, simplement parce que je n'ai jamais éprouvé la moindre honte, le moindre regret, l'once d'un remords. Je ne voulais surtout pas qu'un jour, les flics pensent qu'elle aussi était complice de mes agissements. Colette était la seule à laquelle j'avais écrit depuis la prison de la Santé quelques mois plus tôt. Elle était la seule à savoir à peu près comment je gagnais ma vie. Mais Colette cultivait le même champ de silence que moi.

Pas de questions.

Pas de jugement.

Pas de sermon.

C'est ce qu'elle m'avait enseigné, elle, cette femme courageuse, travailleuse, rude mais aimante, que je respectais au plus haut point.

Ce jour-là, alors que je remontais la nef de l'église, ma sœur aînée à mon bras, elle devait se dire que j'étais enfin rangé. Que j'avais grandi. Qu'une fois marié, j'allais m'assagir. Que bientôt, Évelyne et moi fonderions une famille et que tout serait différent. À sa place, c'est exactement ce que j'aurais pensé, d'autant que nous faisions croire à tout le monde depuis des années qu'Évelyne était agent immobilier, et que je posais des sols souples et des moquettes. Nous avions tout du couple rangé, sérieux, promis à un très bel avenir. Évidemment, ce n'était qu'apparence, notre image d'Épinal reposait sur un mensonge. Mais le serment que je fis ce jour-là à la mairie et devant Dieu était sincère. Je l'aimais plus que tout et je promis de lui apporter le respect, la sécurité, la fidélité et le secours tout au long de notre vie. Nous échangeâmes nos alliances, deux anneaux identiques en or, achetés quelques semaines plus tôt dans une bijouterie avec pignon sur rue.

De ce mariage joyeux et empreint de légèreté, je garde le souvenir d'une séance photo sur le petit port de Veules-les-Roses, la famille posant gaiement autour des mariés, d'un déjeuner bruyant et très arrosé au restaurant Le Grand Large, à Veulettes-sur-Mer, du vent qui accompagnait le changement de marée et faisait voler le voile d'Évelyne, de la fête qui avait battu son plein jusqu'à tôt le lendemain matin, des cadeaux que nous avions entassés dans le coffre et à l'arrière de la Chevrolet, des bouquets de fleurs qui avaient décoré l'église et la table au restaurant, et que nous avions fini par offrir à toutes les femmes de la famille, et du retour à Paris, dans la plus grande insouciance, le tulle accroché aux poignées de la Chevrolet volant au vent.

J'ai aussi le souvenir d'un été particulièrement prolifique. Quinze jours avant le mariage, nous sortions, les poches pleines de bons du Trésor et de liquide, du Crédit Lyonnais des Abbesses et quinze jours plus tard, nous remettions le couvert dans une succursale de la Société Générale. La lune de miel avait été courte, mais suffisante. À raison d'un casse tous les quinze jours, nous avions dérobé cet été-là pas moins de 173 000 francs, soit un peu plus de 57 000 francs pour chacun de nous trois. Nous aurions pu nous en contenter. En 1969, le salaire annuel moyen d'un employé s'établissait à 12 772 francs, hommes et femmes confondus. Seuls les hommes cadres pouvaient espérer un salaire annuel moyen de 51 000 francs (soit l'équivalent de 67 000 euros en tenant compte de l'érosion monétaire due à l'inflation).

En réalité, nous ne comptions pas.

Seules les banques savaient combien il manquait dans leurs tiroirs-caisses après notre passage. Ces sommes avaient été répertoriées par les différents juges d'instruction ayant pour mission de monter les dossiers qui permettraient un jour peut-être de nous pincer et de nous mettre en cause. Un jour, si l'on se faisait prendre, nous finirions peut-être par connaître le montant exact du préjudice. Mais au moment où nous partagions nos piles de billets, nous ne faisions pas cas du montant « gagné » par chacun. Nous savions simplement que ce pécule nous permettrait de mener une existence tranquille durant quelques semaines, quelques mois tout au plus. Sans mener la grande vie, nous ne nous privions de rien. D'ailleurs, après un tel été, Évelyne et moi nous étions accordé un mois de vacances, durant lequel nous n'avions participé à aucun braquage. Nous avions sillonné les routes de France en Chevrolet, dormant dans des hôtels de moyenne gamme, nous prélassant, goûtant tous les plaisirs de la vie, tirant des plans sur la comète pour quand nous nous rangerions, quand nous aurions peut-être des enfants, quand nous serions suffisamment riches. Jamais nous n'envisageâmes le pire. Jamais nous n'évoquâmes la possibilité de nous faire prendre. Jamais nous n'imaginâmes qu'un jour peut-être nous nous ferions coincer que nous passerions alors peut-être un bout de notre vie l'un sans l'autre.

Alors que nous ne manquions pas d'argent, l'automne avait été propice à un enchaînement de hold-up. Ce mois d'octobre 1969, nous avions commis un braquage chaque semaine, parfois dans le nord de la région parisienne, parfois dans le sud. Nous ne chômions pas ! Le ballet était parfaitement réglé, nous sévissions plutôt en milieu de semaine, entre le mercredi et le vendredi. L'un de nous volait la voiture un mercredi, nous attaquions la banque et recélions le véhicule le jeudi. La seule contrainte consistait à le refourguer à la suite du braquage, pas question de traîner une journée entière dans une voiture volée, et recherchée. La force de l'habitude, l'appât du gain, le sentiment d'être invincibles, la certitude que nos méfaits ne feraient pas la une des journaux tant les braquages étaient nombreux… J'ignore encore ce qui nous donna des ailes cet automne-là. Nous n'avions plus aucune limite.

2 octobre 1969, Société Générale à Paris.

10 octobre 1969, Société Générale à Gennevilliers.

16 octobre 1969, Société Générale à Vincennes.

24 octobre 1969, Crédit Lyonnais à Saint-Mandé.

Au total, un préjudice pour les banques de plus de 89 000 francs, soit environ 117 300 euros, en tenant compte de l'érosion monétaire liée à l'inflation.

Depuis le mois d'août, Marcel Lambert traînait dans notre sillage. Il ne montait pas avec nous sur les braquages, mais il en savait trop. Beaucoup trop. La faute à Jubin qui lui confiait des petits secrets. Ça n'était pas pour me plaire. Jubin et Lambert menaient leurs affaires en parallèle des nôtres. Lambert n'était jamais vraiment dans nos coups, mais jamais complètement étranger non plus. Il finissait toujours par savoir où et quand nous frapperions, simplement parce que ces jours-là, Jubin n'était pas disponible pour lui. Ce gars-là ne m'avait jamais inspiré confiance, je le sentais capable de vendre père et mère pour acheter sa tranquillité.

Trop gourmand.

Trop bavard.

Trop bruyant.

C'est Christian qui l'avait plus ou moins entraîné dans des plans similaires aux nôtres, et je savais qu'il commettait une erreur, je le lui avais dit. Lambert voulait monter des coups et avait besoin de se faire la main, disait-il. Moi, je considérais que l'on ne change pas une équipe qui tournait comme la nôtre, d'autant plus pour y faire entrer un type pas fiable, embarqué dans des braquages bancals, avec des gars sans scrupule. Je n'avais jamais accepté qu'ils soient de nos affaires, mais il en savait tout de même beaucoup.

D'ailleurs, la fréquentation de Lambert me gênait tant que j'avais changé certaines de nos habitudes. Lorsque je voulais voir Jubin seul, nous ne nous retrouvions plus à Pigalle, mais à Bastille. Dès que Lambert était dans les parages, il lui collait aux baskets comme un petit chien, à l'affût de la moindre information, et ça me dérangeait. Pourtant, je n'avais rien à lui reprocher. Jubin le disait efficace et rapide en affaires, il respectait le plan, ne prenait pas d'initiative. Mais je n'avais aucune confiance en lui. Une fois reparti dans ses pénates, je ne savais pas qui il voyait, avec qui il parlait, ni ce qu'il racontait. Moi, je ne traînais pas avec sa bande, composée en partie de types sans domicile, qui squattaient à droite et à gauche. Ce qui me déplaisait, surtout, c'est que ce

Marcel Lambert, même s'il en savait peu sur moi, connaissait l'essentiel : mon nom et mon adresse.

Ce 16 octobre 1969, le casse nous avait permis de dérober 11 140 francs. Ce n'était pas notre plus gros coup, mais pas le pire non plus. Évidemment, Lambert en eut vent. Mais ce jour-là, en rentrant chez nous, passage Moncey, avec Évelyne, je lui fis part du fait que je ne voulais plus voir Lambert dans mon sillage, et qu'il fallait absolument que Jubin cesse de traîner avec cette racaille. Lambert était trop instable, trop insaisissable. À l'écouter quand il se mettait à pavoiser, il aurait fallu braquer une banque un jour sur deux. Le rythme s'était suffisamment accéléré à mon goût. Je ne prenais part à aucun de leurs coups, alors qu'ils continuaient à m'y inviter. Je n'étais donc pas sur le casse commis le 22 octobre 1969 à la Société Générale de Levallois-Perret, qui fut d'ailleurs le dernier de Lambert et son complice Leroy, pas plus malin que lui.

Ces deux-là étaient dans les affaires depuis quelques mois seulement et ils avaient réussi à se faire suffisamment remarquer pour tomber plus vite qu'ils ne s'y attendaient.

Début novembre, alors que je prenais un café dans un de nos repaires, je ne fus pas surpris d'apprendre que Lambert et Leroy avaient été arrêtés quelques jours plus tôt. À l'instant même où je répondais à mon interlocuteur qu'il fallait s'y attendre, je sentis mon estomac se nouer. Je reconnus cette sensation pesante que j'avais éprouvée quelques mois plus tôt quand les flics nous avaient arrêtés, Évelyne et moi, boulevard de Clichy dans la Chevrolet. Alors que je profitais du soleil automnal en remontant l'avenue de Clichy, j'écoutais mon signal d'alarme intérieur m'avertir, les feux de détresse se déclencher dans mon cerveau. Cette arrestation-là sonnait probablement le glas de ma liberté. Je savais que lorsqu'une partie d'une équipe tombait, l'autre partie n'était pas longue à se faire pincer. Il y en avait toujours un pour penser que s'il parlait, sa peine serait moins lourde. Je rentrai, préoccupé. J'ignorais si Jubin était au courant de l'arrestation de Lambert et Leroy, mais quelque chose me disait qu'avec ces deux-là aux mains de la justice, nous filions un mauvais coton, simplement parce que le seul maillon identique à ces deux chaînes distinctes était Jubin. En démêlant la pelote, les flics ne mettraient pas longtemps à remonter les différents filons de Jubin, et Évelyne et moi en étions un.

Ce soir-là, j'adressai un courrier à ma sœur Colette. Ce n'était pas mon habitude, mais je ressentais le besoin de lui livrer quelques informations. J'avais attendu qu'Évelyne s'endorme pour me relever, sortir une feuille du tiroir et me lancer dans un courrier succinct. Après la politesse d'usage visant à m'assurer que toute la famille se portait pour le mieux, je lui confiai devoir l'informer de quelque chose d'importance. Sans révéler ce dont je pourrais un jour être accusé, je lui indiquai que j'avais de l'argent, beaucoup, dont elle aurait besoin. Enfin, dont j'aurais peut-être besoin un jour pour assurer ma défense. Or, il faudrait, si je me faisais arrêter, qu'elle se rende aux adresses que je lui indiquais pour récupérer ce pécule, que j'avais réparti en différents endroits. Car, si je devais tomber, Évelyne ne tarderait pas à suivre. Notre seule planche de salut, ce serait elle, ma Colette. Je lui indiquai que si je ne lui disais rien d'autre, c'était simplement pour la protéger, pour qu'elle ne soit pas inquiétée. Il y avait peu de risques, d'ailleurs, qu'elle le soit, car elle vivait loin de Paris et ne savait rien de ma vie. Je me relus maintes et maintes fois, pour m'assurer que j'en disais suffisamment mais pas trop. Je cachetai l'enveloppe et fis plusieurs fois le tour du quartier avant de me décider à poster cette lettre.

J'arpentai l'avenue au milieu de la nuit pour essayer de fatiguer mon corps tendu, et pour évacuer la colère, la plus mauvaise conseillère que je connaisse. Le vent d'automne faisait virevolter les feuilles des platanes bordant l'avenue.

Je le savais, je le sentais, en ce week-end de Toussaint, le vent avait tourné.

9

Coup de filet

4 novembre 1969.

Ma sérénité et mon calme avaient déserté depuis quelques jours. Depuis que je savais Lambert en garde à vue, j'étais en proie aux doutes, aux questionnements, aux angoisses. Je n'étais plus cet homme sûr de lui et tranquille. En plus, mon Jubin qui avait le don de se fourrer dans les embrouilles était remonté comme une pendule pour une sombre histoire de racket.

Il en avait après des sbires de Jo Attia qui tentaient de racketter un de ses proches. Je n'avais pas cherché à démêler le vrai du faux, ni à savoir à qui donner tort ou raison. Le fait est que Jubin était de plus en plus tendu avec cette histoire, qu'il en parlait souvent, qu'il proférait parfois des menaces et que je ne savais pas bien de quoi il était réellement capable. Moi, je ne voulais pas me retrouver mêlé à ses histoires. D'autant que la réputation de Jo Attia n'était plus à faire.

Jo Attia avait une certaine expérience dans l'art d'être malfaiteur, même si un seul crime avait été retenu contre lui des années auparavant : le recel de cadavres. En réalité, il avait été le complice de Pierrot le Fou avec lequel il avait monté le gang des Tractions Avant. Je n'étais pas encore né que Jo Attia purgeait déjà deux ans pour cambriolage ! Le gang des Tractions Avant avait sévi toute l'année 1946. Pierrot le Fou et ses complices s'attaquaient à des fourgons blindés et à des banques, n'hésitant jamais à abattre qui se trouvait en travers de leur chemin. La mort de Pierrot le Fou, après une fusillade, avait conduit à la dissolution du gang et à l'arrestation, en 1947, de Jo Attia, qui n'avait été jugé que sept ans plus tard, et relâché sitôt le procès terminé, puisqu'il avait été condamné à trois ans de prison uniquement pour le recel du cadavre de Pierrot le Fou. Il faut dire que le jour où ce dernier avait reçu cette balle dans l'abdomen, Jo Attia et son complice l'avaient d'abord emmené chez une amie d'un complice où un médecin l'avait examiné et avait demandé à le transporter à l'hôpital. Jo Attia et le même complice l'avaient alors transporté à la clinique Diderot, dans le 12ᵉ arrondissement de la capitale, où il avait été enregistré sous un faux nom. Quelques jours plus tard, les deux malfaiteurs déguisés en infirmiers avaient enlevé Pierrot le Fou pour l'emmener chez un autre ami près de Porcheville où il était décédé quelques heures plus tard. Les complices s'étaient alors chargés de l'enterrer sans plus de formalité sur une île de la Seine. Le corps n'avait été retrouvé et identifié que trois mois plus tard. C'est ce qui avait valu trois ans de prison à Jo Attia, aucun autre crime ou délit n'ayant pu lui être imputé. Étant donné qu'il croupissait en prison depuis sept ans, il avait été libéré aussitôt, pour quelques années seulement. Il avait purgé sa dernière peine de prison entre 1965 et 1967, pour extorsion de fonds.

Après cela, il avait acheté le Gavroche, à Montmartre, et y coulait des jours heureux. Certains de ses gars organisaient des matchs de boxe et Michel Legal, l'autre complice de Jubin, qui n'était pas tombé avec Lambert, avait pour ambition de préparer un ou deux matchs, d'enregistrer des paris et de prendre de l'argent. On savait que Jo Attia traînait toujours un peu dans les affaires, qu'il avait des connaissances, des gars à la petite semaine qui bossaient pour lui, mais en façade, il était retiré du milieu, dont il restait cependant une figure. Il était marié à Andrée Chissadon, avec laquelle il avait eu une fille, Nicole, un peu plus jeune que moi. Je ne le connaissais pas plus que ça. Mais le monde de la nuit et des malfaiteurs est petit, tout se savait. Chacun savait qui était Jo Attia, et personne n'avait envie de s'attirer des ennuis avec lui. Pas plus avec lui qu'avec ses sbires, d'ailleurs. Jubin n'était pas en affaires avec lui directement, mais un de ses complices subissait depuis plusieurs semaines un racket organisé par des gars qui traînaient au

Gavroche, certainement pas des enfants de chœur. Depuis qu'il me répétait inlassablement qu'un jour, ça finirait mal, je n'étais plus tranquille.

Je ne m'étais jamais mêlé des affaires de qui que ce soit, mais je fus quand même tenté de mettre mon grain de sel dans cette histoire. En effet, nous devions déjà composer avec Lambert en garde à vue, il ne fallait pas en plus nous exposer à une pseudo-guerre des gangs. Christian Jubin était un sanguin. Le genre à laisser la Cocotte-Minute monter en pression, puis exploser comme une bombe, sans se soucier des conséquences. Je savais que cette histoire de racket le minait depuis des jours, voire des semaines, et je savais que j'allais devoir tenter une conciliation pour arranger les choses et que rien ne nous pète à la figure.

Ce 4 novembre 1969, je débarquai donc au Gavroche dans la soirée, dans la ferme intention de discuter avec les sbires de Jo Attia pour tenter d'arranger les choses. J'amenai Legal. Après tout, il connaissait cette bande : puisqu'ils discutaient affaires et matchs de boxe, c'est qu'ils s'entendaient. Je n'attendais pas de cette entrevue que l'on devienne amis, ni que l'on projette de monter un coup ensemble, juste que chacun reparte de son côté et continue à s'ignorer comme c'était le cas jusque-là. Je ne prétendais pas non plus être le meilleur arbitre, mais j'étais probablement le plus calme et le moins dangereux des forces en présence. J'avais fait la leçon à Jubin, lui intimant pour une fois de se taire, de me laisser parler, et lui assurant que j'allais arranger les choses, que lorsque nous quitterions le Gavroche, il n'y aurait plus de racket d'un côté ni de menaces de l'autre. Legal était notre caution « crédibilité », le gars qui nous connaissait, qui nous faisait confiance, auquel on pouvait prêter un certain crédit.

Nous étions entrés dans le bar vers 20 heures, c'était un mardi soir. Il n'y avait pas foule. Mireille, la serveuse, était debout derrière le comptoir, devisant avec un type en complet installé à l'autre bout. Ils avaient l'air de se connaître, la discussion semblait plutôt joyeuse. Jo Attia n'était pas encore arrivé. Il se montrait en général en fin de soirée, pour la fermeture. Il faisait la caisse, buvait un verre ou deux, puis rentrait chez lui en emportant la recette. Parfois, il chargeait sa fille Nicole de gérer la fermeture. Jo Attia se faisait discret, pour le croiser dans son bar, il fallait arriver très tard, et encore, pas tous les jours.

À cette heure, certains de ses gars jouaient aux cartes, assis à une table au fond. C'était avec eux qu'il fallait que je cause. Nous commençâmes par nous installer devant notre bière. Après quelques gorgées bien fraîches, j'entrepris de rejoindre la table de Legal, demandant à Christian de ne pas quitter sa place. Les gars nous laissèrent nous installer. S'ils ne savaient bien qui j'étais, ils connaissaient Christian Jubin. Les présentations n'étaient pas nécessaires. La discussion ne dura pas longtemps.

Un « malentendu », me dirent-ils. Je savais qu'il n'en était rien, mais je décidai de ne pas relever et pris pour argent comptant cette explication. Il n'y avait jamais de malentendu dans les affaires de ce genre. On ne décide pas du jour au lendemain de racketter quelqu'un sans raison.

Soit le racketté doit de l'argent.

Soit le racketteur se venge ou vengeait quelqu'un.

Quoi qu'il en soit, je ne m'attardai pas sur les raisons des uns, les justifications des autres. Je leur demandai simplement de calmer le jeu, de lâcher la grappe du racketté, car cela mettait Jubin très en colère, en proie à une certaine nervosité qui pourrait bien faire des dégâts. J'étais même prêt à lâcher quelques billets pour que la hache de guerre soit enterrée entre ces deux clans et que l'on n'en parlât plus. Je leur fis comprendre que cette histoire allait mal tourner, et finirait par nous attirer des ennuis à tous. Je ne sus pas ce que Jubin entendait, là où il était, mais il voyait certainement les mains s'agiter. Le ton monta un peu, il y eut quelques éclats de voix, des explications, des justifications, il fallait bien purger les non-dits et les reproches.

Puis vint l'assentiment. Chacun accepta d'oublier cette affaire, à condition que Jubin et son pote ne traînent plus à Montmartre. Et je m'y engageai. Nous avions d'autres repaires.

Pigalle.

Bastille.

Clichy.

Pas besoin de traîner à Montmartre pour élargir notre cercle de malfaiteurs, de complices, donc de pavoiseurs, de bavards, de menteurs. Je savais que Jubin ne serait pas de cet avis, mais je m'en fichais pas mal. C'était le mien et c'était ce qui comptait à cet instant. Si Jubin tombait, j'avais de grandes chances de tomber aussi, et Évelyne avec moi. Nous étions en sursis depuis l'arrestation de ce guignol de Lambert quelques jours plus tôt, il n'était pas question d'alourdir les risques.

Ce soir-là, en quittant le Gavroche vers 22 heures, j'avais le sentiment d'avoir un peu sauvé ma peau, d'avoir réglé une partie d'un problème plus vaste qu'il y paraissait. Jubin pouvait se sortir les gars du Gavroche de la caboche et se concentrer sur l'essentiel : comment reprendre nos affaires alors que Lambert était sous les verrous, avec le risque qu'il finisse tôt ou tard par parler.

Legal, Jubin et moi quittâmes Montmartre à pied, nous nous séparâmes rue Caulaincourt, aux abords du cimetière de Montmartre. Je remontai par les petites rues vers La Fourche, où m'attendait Évelyne, tandis que Legal prenait le chemin de Pigalle et que Jubin redescendait vers le boulevard Clichy et la rue Blanche, où il habitait. Je promis de passer chez lui dimanche qui suivait.

Ce jeudi-là, soit le surlendemain de notre virée au Gavroche, j'avais trouvé un message dans ma boîte aux lettres, me demandant de passer à la Nuit, où je recevrais un appel vers 11 heures. Je me rendis donc à la Nuit, à l'heure où l'établissement se réveillait d'une nuit mouvementée. La serveuse passait la serpillière, tandis que je commandai un café. Je m'installai au bout du bar, près du téléphone. À 11 heures tapantes, la sonnerie stridente résonna. La serveuse décrocha puis me tendit le combiné. Au bout du fil, Jubin m'intima de ne pas poser de questions.

— Quand tu viendras dimanche, si je ne suis pas là, rejoins-moi à la Bastille.

Comme d'habitude, il ne mentionna aucune adresse. Nous savions très bien lui et moi où nous retrouver. Je pris note de l'information et, fidèle à sa demande et à moi-même, je ne posai pas de questions. Je raccrochai, laissai deux francs sur le comptoir et rentrai chez moi.

Mon Évelyne était tout endimanchée, parée de son manteau de feutre beige, de ses souliers vernis, accrochée à mon bras. Nous avions juste l'air d'un jeune couple qui sortait pour le déjeuner. Nous descendions l'avenue de Clichy d'un bon pas, il nous fallait une dizaine de minutes à pied pour rejoindre l'adresse de Christian. Il était à peine 13 heures lorsque je m'engageai dans la porte cochère, dont les lourds battants de bois vert étaient toujours ouverts.

La concierge guettait toujours les allées et venues derrière ses petits rideaux grisâtres. La porte principale de l'immeuble, sur la gauche, faisait face à la loge de la concierge. Elle donnait sur un escalier de chêne moquetté, desservant les beaux appartements sur rue. Jubin, lui, habitait l'arrière-cour. Il fallait traverser la cour pavée pour atteindre la petite cage d'escalier « fond de cour gauche », qui faisait face à la cage d'escalier « fond de cour droite ». La loge de la concierge était une vraie vigie, rien ne pouvait lui échapper. Il n'y avait aucune boîte aux lettres, c'était la concierge qui, chaque jour, remettait leur courrier aux résidents, quand elle les voyait passer. Sinon, elle sonnait chez chacun pour remettre les enveloppes, ce qui lui assurait un petit moment de discussion, et de belles étrennes pour Noël. Elle savait tout sur tout le monde et qui venait chez qui. Parfois, des résidents lui confiaient attendre la visite des beaux-parents alors, voyant un couple âgé se présenter dans la cour, elle ouvrait sa petite fenêtre et lançait à la volée : « Ah, voilà les invités des Delamotte ! Deuxième étage gauche ! Bonne journée ! » Quand j'arrivais ici, je m'attendais toujours à ce qu'elle sorte et me dise : « Ah, M. Jubin est sorti tôt ce matin » ou, à l'inverse : « M. Jubin ne sera pas levé, il est rentré très tôt ce matin ! » La plupart du temps, elle me voyait passer, me saluait de la main, mais m'épargnait sa conversation, et ça m'arrangeait bien. En tout cas, nul doute que cette concierge était une source d'informations intarissable.

Évelyne marchait sur ma gauche quand nous franchîmes le portail, apercevant tout de suite la lumière dans la loge, et une ombre le long du rideau. Je n'y prêtai pas plus attention que cela, quelqu'un devait se trouver chez la concierge. Mais lorsque nous dépassâmes la loge, je fus surpris et m'arrêtai immédiatement dans ma foulée, poussant ma femme derrière moi.

Deux policiers en civil avaient surgi de la loge, rejoints par deux autres flics descendus de la voiture garée en face de la porte cochère. Nous étions pris en étau. Impossible de fuir. Je sentis une forte poigne m'enserrer les mains, vis Évelyne reculer d'un pas, elle-même saisie par la surprise. En moins de deux minutes, nous fûmes poussés dans la loge, ébahis, stupéfaits.

L'on me demanda de décliner mon identité, de présenter mes papiers, ce à quoi je me refusais. Qu'à cela ne tienne, mon veston fut fouillé, tout comme le sac à main d'Évelyne. En quelques minutes ils surent qui nous étions. J'ignorais si nous étions recherchés. Mais à cet instant, ils nous tenaient. Et puis, je ne pouvais pas le nier, j'avais un *curriculum vitae* qui faisait de moi le complice, voire le coupable idéal.

Si Lambert avait parlé, et je le craignais, ils me tenaient. C'était certain.

Mais ce n'était pas encore le sujet qui les préoccupait.

— Où est Christian Jubin ? me demanda un premier flic, probablement le chef de cette bande en imperméable.

— Je ne sais pas.

— Dites-nous où il se trouve.

— Je ne sais pas, je venais lui rendre visite. S'il n'est pas là, je ne sais pas où il se trouve.

— Faites attention à ce que vous nous dites. Votre copain est recherché pour une affaire de meurtre.

Ils n'étaient donc pas là pour moi, mais pour Christian. De ce fait, je devenais peut-être la cerise sur leur gâteau. Cependant, je ne voyais pas dans quelle affaire de meurtre Christian avait pu tremper. Si tel avait été le cas, il m'en aurait parlé.

— Monsieur Georges Segard, il est 13 h 05, vous êtes placé en garde à vue.

Le même sort fut réservé à Évelyne. Nous fûmes tous les deux embarqués, menottés, vers le quai des Orfèvres. Évelyne ne connaissait pas encore cela.

Les interrogatoires dans des espaces enfumés.

Le mitard humide.

La nuit dans le froid, sur le ciment de la cellule.

Le bruit des serrures qui résonnent.

Les mains menottées à la chaise.

Le tutoiement et le mépris avec lequel l'on nous traite.

Nous avions été installés chacun dans une voiture banalisée, ce qui assurait aux flics que nous ne nous parlerions pas. Après tout, des malfrats qui emploient des discussions codées, ils en connaissaient. Chacun dans une voiture, plus de complicité ni d'échange possible. Je repensais au fait qu'avant de quitter notre appartement ce midi, nous avions échangé un long baiser langoureux. Tendre, doux, suave.

J'adorais l'embrasser. J'avais l'impression, en posant mes lèvres sur les siennes, de goûter un fruit sucré. J'avais adoré ce moment. Je l'avais serrée contre moi, longtemps, humant le parfum de ses cheveux. Pourtant, à cet instant, je n'avais aucune idée de ce qui nous attendait. En tout cas, j'avais profité de ce temps de grâce, comme rarement. Là, serré dans la voiture, les mains coincées dans mon dos, je m'imaginais mon Évelyne tremblante de peur, les larmes aux yeux, se sentant seule et perdue sur la banquette de la voiture, entre deux flics en civil.

Alors que nous redescendions vers la Seine toutes sirènes hurlantes, je me demandai quand je pourrais l'embrasser à nouveau.

10

Inculpés

Des heures déjà que nous étions, Évelyne et moi, chacun dans un bureau, face à un policier censé enregistrer notre déposition. J'ignorais les raisons pour lesquelles nous avions été arrêtés, et si nous avions été balancés. Tournait en boucle dans ma mémoire la phrase du flic qui nous avait arrêtés : Jubin était recherché pour meurtre. J'avoue que ça me coupait les jambes.

— Vous ne lisez pas les journaux ? me demanda le policier assis face à moi.

— Non.

Ma réponse fut sèche, sans appel. Non, je ne lisais pas les journaux. Dans mon monde, il y avait deux catégories de malfaiteurs, ceux qui scrutaient la une de tous les quotidiens du soir et ne rataient aucun flash à la télévision ou à la radio, histoire de vérifier que leur nom ne faisait pas les gros titres, et ceux, comme moi, qui ne lisaient pas la presse. Moins on en savait, mieux c'était. Il ne faut pas croire, être un bandit dans Paris n'était pas un métier de tout repos. Même si l'adrénaline que nous provoquait chaque nouveau casse était une drogue galvanisante, la vie que je menais générait aussi un stress important. Je dormais rarement tranquille. Lire la presse pour voir qui avait écopé de quelle peine de prison, qui était condamné à mort, qui serait exécuté prochainement, qui s'en était échappé et comment, combien de hold-up avaient été déjoués par la bande du commissaire Le Mouël, etc., tout cela n'avait aucun intérêt pour moi. J'avais pris le parti de ne pas savoir si mon nom figurait dans les colonnes des journaux à la rubrique « Faits divers ».

— Étiez-vous mardi soir 4 novembre au bar le Gavroche ?

— Je ne m'en souviens plus.

— Ne me prends pas pour un imbécile, Segard ! On t'y a vu !

Ah, nous y voilà ! pensai-je. Le fameux tutoiement. Le moment où l'interrogatoire bascule. Celui où l'on passe de témoin, voire suspect, à coupable ! Où les flics s'autorisent toutes les familiarités et humiliations, pour bien nous faire comprendre que nous n'avons aucun pouvoir, et qui est le plus fort.

— J'y suis passé, vers 20 heures, mais je ne me souviens pas de la date.

— C'était mardi 4 novembre. Tu étais avec qui et tu faisais quoi ?

— Je faisais quoi ? À ton avis, pauvre cloche ?

Je me souriais à moi-même tellement j'avais envie de lui répondre ce qui me trottait dans la tête. Mais je savais qu'à ce jeu-là, même si ça défoulait, on sortait perdant. J'avais déjà éprouvé quelques interrogatoires musclés, il était encore un peu tôt pour jouer la provocation, alors que je ne savais toujours pas ce que l'on me reprochait, et que j'étais peut-être parti pour un marathon, une garde à vue éprouvante, qui dépasserait la durée légale de vingt-quatre heures. Je savais, pour l'avoir déjà testé, que le juge d'instruction pouvait la porter à quarante-huit heures si j'étais soupçonné d'avoir commis un crime ou un délit puni d'une peine de prison supérieure ou égale à un an. Si j'étais là pour répondre des hold-up que j'avais commis, il était évident que je serais incarcéré dès la fin de la garde à vue qui aurait été prolongée. Alors, je choisis dans un premier temps de rester calme et de répondre aux questions, sans disserter, en prenant garde de ne pas balancer qui que ce soit.

— Je prenais un verre avec deux copains.

— Quels copains ?

— Des gars que je connais.

— Ne joue pas au plus malin, Segard. On t'a vu avec Jubin.

— Si vous le savez, pourquoi me posez-vous la question ?

Je ne vis pas arriver la gifle, assenée par le flic qui se tenait debout derrière moi. Je ne la vis pas venir, mais je la sentis passer. Elle ne me fit pas tomber de ma chaise, mais me fit quand même sacrément tourner la tête. La surprise passée, je sentis le feu me monter aux joues, mais je ne regrettai pas ma réplique. Elle m'avait brûlé les lèvres. Moi non plus je n'aimais pas qu'on me prenne pour un imbécile, ni que l'on me traite comme un rat. J'étais face à deux flics d'une cinquantaine d'années, très fiers de leur position, qui devaient se dire que j'aurais pu être leur gamin, et que si tel avait été le cas, j'aurais pris une sacrée correction ! La surprise passée, je me redressai sur ma chaise, ne baissant jamais les yeux face à l'administration judiciaire. J'allais leur dire de continuer à me maltraiter, que le juge en serait informé, et que cela ne m'impressionnait pas, quand le policier assis face à moi me flanqua sous le nez la Une du *Soir* du 5 novembre 1969, le lendemain de mon passage au Gavroche.

— Lis ça, ça va peut-être te faire réfléchir !

Je pris quelques minutes pour prendre connaissance de l'article intitulé « Meurtre au Gavroche, Christian Jubin recherché ». Je compris alors qu'après notre départ du bar, vers 22 heures le mardi soir, Jubin y était revenu, assez tard. Il avait bu un verre, en attendant la fermeture. Après une bonne heure passée à discuter avec Alain Versigny, le petit ami de Mireille Emmare, la serveuse, une fois le bar déserté par les derniers clients, alors qu'il ne restait que lui, le couple et Nicole, la fille de Jo Attia, venue certainement ce soir-là chercher la caisse, il n'avait pas trouvé mieux que d'abattre Alain Versigny d'une balle derrière la tête, puis la serveuse, qui avait reçu deux balles tirées à bout portant.

Deux morts.

Deux morts inutiles.

Pour finir, il avait embarqué la jeune Nicole, témoin de ce double meurtre, et disparu de la circulation.

Je compris que lorsqu'il m'avait appelé le jeudi précédent, il se savait recherché. Qu'avait-il fait de Nicole ? Tout le monde l'ignorait pour l'heure. J'étais sidéré.

Il l'avait donc fait.

Il s'était vengé.

Je n'avais jamais eu peur de Christian Jubin. Mais je l'avais toujours su capable de tout, voire du pire. J'avais confiance en lui et ce dont on l'accusait ne remettait rien en cause. Mais si c'était vrai, j'étais le complice d'un meurtrier. Cela ne changerait sûrement rien au demeurant. C'était une circonstance aggravante tout au plus. Après tout, on ne me condamnerait pas pour le crime qu'il avait prétendument commis, mais on douterait peut-être de ma sincérité quand je disais que j'ignorais tout de cette affaire. Pourtant, c'était vrai. Je relevai les yeux du journal et fixai mon interlocuteur.

— Où est-il ?

— Je l'ignore. Vous pouvez me croire, je ne sais pas où il se trouve.

Je devais bien l'avouer, cette fois, je me bénissais de n'avoir jamais posé de questions, de n'avoir jamais voulu savoir ce qui ne me regardait pas. En l'occurrence, je n'avais pas interrogé Jubin suite à son appel ce jeudi, je n'avais pas cherché à savoir où il était, ni la raison de son énigmatique message. J'avais encore une fois bien fait.

Je ne saurais jamais si j'aurais pu un jour craquer et balancer tout ce que je savais sur les uns ou les autres. Mais ce dont j'étais sûr en revanche, c'est que mon manque cruel de curiosité me sauvait des négociations entre les flics et détenus. Planait toujours quelque part la tentation de la remise de peine.

Les flics agitaient cette excuse comme un fanion destiné à faire accoucher les prévenus de confidences. Ces derniers utilisaient la promesse de révélations pour s'attirer la supposée gentillesse des magistrats. Pour ma part, je savais que je n'achèterais jamais quelques mois de remise de peine avec des confidences : je ne savais rien. En tout cas, rien sur ce crime.

Je savais d'autres choses, mais je n'allais sûrement pas devancer l'appel. J'attendrais que les questions soient posées et, suivant ma stratégie maintes fois employée, j'apporterais la réponse la plus évasive et courte possible. Puis j'attendrais la question suivante. Pour avoir déjà passé quelques heures en interrogatoire au cours de ma jeune existence, je savais qu'on ne fait pas boire un âne qui n'a pas soif et que, me connaissant, jamais les flics ne me feraient dire ce que je n'avais pas l'intention de dire.

— Admettons. Ce n'est pas grave. J'ai d'autres choses pour toi.

— Je demande à voir mon avocat.

Voilà.

Cette fois, nous y étions.

Il allait entrer dans le vif du sujet, et celui-ci me concernait certainement bien plus que le supposé crime commis par Jubin. Je donnai les coordonnées de Maître Paul-Charles Déodato, avocat pénaliste de renom à Paris. Dès lors, le fonctionnaire interrompit son interrogatoire. Mon avocat fut appelé et nous attendîmes en silence qu'il arrive. Ce n'était que reculer pour mieux sauter, je le savais, mais je gagnai une heure de tranquillité pour réfléchir. On me fit patienter dans le couloir, la main menottée au tuyau du radiateur à côté duquel j'étais assis.

Puis Maître Déodato arriva. J'eus le droit de m'entretenir en tête à tête avec lui quelques minutes. Mais je ne dis rien.

Enfin, je racontai juste les conditions de mon arrestation, celle simultanée de mon épouse dont je voulais qu'il assure également la défense, la gifle, rien de plus. Je lui donnai aussi les coordonnées de Colette, je voulais qu'il l'informe de ma détention, et lui donne des nouvelles.

Maître Déodato me demanda si j'avais des choses à lui confesser, m'assura du secret qui lie l'avocat à son client, et du fait qu'à un moment donné, il faudrait bien que je lui avoue les raisons de mon arrestation afin qu'il puisse construire ma défense. Je répondis simplement : « Pas pour l'instant. » Cela voulait tout et rien dire à la fois. Nous ne nous étions jamais rencontrés. Il savait que si j'avais fait appel à lui, ça n'était pas par hasard. Son nom circulait dans le milieu. Il était doué, et avait permis à certains malfaiteurs de prendre bien moins cher que ce à quoi ils étaient promis. Et puis, on n'appelait pas un avocat pénaliste par pure fantaisie ou curiosité. Mon « pas pour l'instant » laissait aussi entendre que viendrait le moment des confidences, mais qu'il était trop tôt. Et c'était vrai, pour l'heure, je voulais savoir que ce que les flics avaient contre moi précisément, afin de ne pas trop en dire.

Une chaise fut installée à côté de celle que j'occupais face au policier. Je fus ramené dans le bureau, et Maître Déodato commença par demander que l'on m'enlevât les menottes.

— Mon client n'a pas l'intention de s'évader ! Par où voulez-vous qu'il s'échappe ?

Il était vrai que de ce bureau sous les toits, à part sauter par la fenêtre et me tuer à coup sûr, je n'irais pas bien loin s'il me venait l'envie de prendre la poudre d'escampette !

Le flic qui se tenait derrière moi depuis le début de la garde à vue obéit à son chef et l'interrogatoire put reprendre.

L'inspecteur qui m'interrogeait n'emprunta pas des chemins de traverse pour me faire comprendre que cette fois, j'avais plongé. J'avais pris un aller simple pour l'enfer de la prison, et *a priori*, je n'avais pas trop de souci à me faire pour les années à venir : je les passerais à l'ombre, loin de l'agitation ambiante et surtout loin de mes complices.

— On a coincé votre copain Lambert la semaine dernière. Il a dit des choses intéressantes au juge.

— Lambert n'est pas mon copain, comme vous dites.

— Je veux bien le croire. Les copains, les vrais, ça ne balance pas. N'est-ce pas ?

Un uppercut.

Cette dernière phrase, balancée dans un demi-sourire malicieux, les yeux noirs du flic plantés dans les miens, m'avait fait l'effet d'un coup de poing dans l'estomac.

Je savais que ça finirait comme ça.

Je le sentais depuis le jour où j'avais appris son arrestation.

Ce type-là était sans foi ni loi. Il se foutait pas mal de balancer les autres si ça lui permettait de sauver sa peau. Et encore ! Il s'éviterait peut-être quelques mois de prison. Il serait écrit quelque part dans son épais dossier qu'il avait été coopérant. Je ne montrai rien de la colère qui couvait en mon for intérieur, ni de la tempête qui agitait mes neurones. Que savaient-ils exactement ? Qu'avaient-ils précisément contre moi ?

— Société Générale, 16 octobre 1969. Ça te parle ?

Lambert.

Le minable.

Il avait été précis ! Il était écrit qu'un jour ou l'autre, ce gars nous balancerait. Il aurait vendu père et mère pour gagner cent balles, alors dénoncer les autres, ce n'était pas ce qui l'empêcherait de dormir. C'était en ça que nous étions très différents. Moi, j'avais toujours considéré que personne n'était responsable de mes actes, je les assumais. Et si la chance devait un jour tourner, je n'aurais que mes yeux pour pleurer, c'était le jeu. J'en connaissais les règles.

Lambert considérait que nous étions tous dans le même bateau. Si l'un tombait, tous les autres étaient aussi fautifs que lui, et tous devaient payer, surtout si cela lui permettait de prendre un peu moins cher que les autres.

Belle mentalité !

Tu parles d'un complice !

J'acceptai les raisons de mon arrestation, je n'étais certainement pas blanc comme neige et je savais que, quoi qu'il en coûte, j'accepterais la sentence. En revanche, je n'acceptais pas la trahison. Ce type était un vendu, un vaurien, une balance. Il n'avait pas plus de code de l'honneur que d'attribut masculin entre les jambes. Les magistrats auraient bien intérêt à me tenir loin de lui dans les années qui viendraient. Il n'allait pas falloir que je me trouve face à lui en prison ou dans le box des accusés, car je me savais capable de tout et n'importe quoi, sous le coup de la colère.

Lui arranger le portrait pour que sa mère ne le reconnaisse plus jamais.

Lui couper la langue pour lui apprendre à se taire.

L'émasculer pour le ramener à sa condition de minable.

Lui cracher à la figure toute ma haine et mon irrespect pour les types de son genre.

Dans les heures qui suivirent, alors que depuis le début de cette garde à vue, je n'avais eu droit qu'à un café et un verre d'eau, je pus me rendre aux toilettes, menotté. J'en profitai, en parcourant le long couloir, pour regarder dans les bureaux si j'apercevais Évelyne. Ils avaient évidemment bien pris soin de fermer toutes les portes. Je ne savais pas où elle était, comment elle allait, si elle était bien traitée. Je ruminai en mon for intérieur qu'ils n'avaient pas intérêt à toucher un cheveu de ma tendre épouse. Je savais que son ancien statut de prostituée ne jouait pas en sa faveur. Si elle n'avait été que l'épouse d'un malfrat, elle aurait pu se cacher derrière le fait qu'elle n'était au courant de rien. Mais voilà, le statut de femme de petite vertu était un tatouage indélébile, un truc qui vous collait à la peau pour le restant de vos jours. Il était difficile de se racheter une crédibilité quand on avait mangé de ce pain-là et qu'en plus, on était mariée à un bandit notoire, un gars qui était déjà passé par la case prison, dont une fois pour proxénétisme.

Je me tenais tranquille, comptant sur Maître Déodato pour me donner de ses nouvelles dans quelques heures. Surtout, il faudrait que nous accordions nos violons et sans nous voir, cela serait difficile. Si je reconnaissais des faits, il ne faudrait pas qu'Évelyne en reconnaisse d'autres. Nous nous étions toujours dit qu'en cas d'arrestation, il ne fallait rien révéler, c'était le meilleur moyen de ne pas porter préjudice à l'autre. J'espérais, sans trop en douter, qu'elle se tiendrait à cette ligne de conduite.

Les premières vingt-quatre heures de la garde à vue touchaient à leur fin quand on m'annonça que celle-ci était prolongée d'autant. J'avais eu droit à quelques heures de répit dans une cellule humide, froide, bruyante. Comme l'exigeait la procédure, on m'avait fait retirer ma ceinture, les lacets de mes chaussures, ma montre. Je n'avais plus aucun effet personnel sur moi et pensais à Évelyne qui devait être quelque part, dans une cellule voisine. J'espérais qu'ils ne l'avaient pas collée dans une cellule commune, avec toutes les prostituées ramassées durant la nuit pour racolage sur la voie publique, et qui attendaient leur libération. On m'avait apporté un demi-sandwich jambon beurre et un verre d'eau, il fallait que je m'en contente. Puis on m'avait fichu la paix quelques heures. La lumière constante, les hurlements des poivrots dans les cellules voisines, les portes qui claquaient avaient eu raison des quelques heures de quiétude que j'aurais pu gagner. Je n'imaginais pas dormir, j'avais bien trop de choses en tête, mais j'espérais au moins souffler un peu. Il n'en fut pas question.

J'avais quitté le bureau de l'inspecteur à 1 heure du matin et je ne savais pas quelle heure il était quand, à nouveau, une clé glissa dans la serrure, un autre flic se présenta à moi, et l'on me ramena dans le même bureau. Il faisait toujours nuit, la rue semblait encore assez calme, j'entendais des balayeurs et des camions-bennes. Je pensai à la chanson de Jacques Dutronc *Il est cinq heures*, sortie récemment. Je supposais que c'était le petit matin. On posa devant moi un café brûlant, et je sus que l'interrogatoire allait reprendre, et qu'on ne me lâcherait pas. J'appris ainsi que notre appartement avait été perquisitionné. Ce n'était pas pour me plaire. Il était évident que les flics avaient trouvé du fric et des armes. Pas tout, mais certainement une bonne partie. À ce moment précis, je repensai à la lettre adressée une semaine plus tôt à Colette, espérant qu'elle l'avait reçue et qu'elle suivrait mes instructions. Je lui recommandais d'attendre quelques jours ou quelques semaines avant de se rendre à la planque indiquée pour récupérer l'argent dissimulé qui permettrait de payer notre défense, à Évelyne et moi. J'imaginais que Maître Déodato ne serait pas long à la contacter.

En attendant, les flics avaient trouvé des bons du Trésor marqués du sceau de la Société Générale. Voilà qui corroborait les dires de l'autre balance. Surtout, ils avaient trouvé dans notre appartement bien plus d'argent que ce qui avait été volé ce jour-là. Alors forcément, savoir d'où provenait tout ce fric devenait très intéressant. Et puis, ils avaient saisi la Chevrolet Impala, garée dans la petite rue près de la maison. Ils avaient trouvé les clés dans l'appartement, vu une photo d'Évelyne et moi, jeunes mariés, posant devant mon jouet, ils n'avaient eu aucune difficulté à la repérer. Ce type de voiture, ça ne courait pas les rues ! Elle fut démontée de fond en comble : les banquettes, l'intérieur des portières, le coffre, la roue de secours, tout y passa, mais ils ne trouvèrent rien. Après le risque d'arrestation avenue de Clichy, nous avions déplacé toutes les petites coupures qui y dormaient pourtant bien paisiblement. Ils me demandèrent tout de même où j'avais trouvé l'argent pour m'acheter une telle voiture.

— Un héritage, répondis-je.

— Il faudra le prouver.

Le prouver ? Je n'allais certainement pas faire le boulot à leur place. Qu'ils prouvent eux-mêmes ce dont ils m'accusaient ! Suivant la recommandation de mon avocat, j'avais pris le parti de me taire. Cela ne m'était pas trop difficile : j'étais loin d'être un grand bavard ! De toute façon, au train où allaient les choses, je n'allais pas tarder à être déféré au parquet.

Alors, je les écoutais dérouler leurs questions, sans répondre à aucune.

— Nous avons trouvé 25 000 francs chez toi. D'où viennent-ils ?

— Où étais-tu le 1er juillet 1969 ?

— Et le 1er août 1969 ?

— Marcel Jaulin, le propriétaire de la casse auto de Gennevilliers, ça te dit quelque chose ?

— On sait que tu as participé aux casses des 20 août, 29 août, et 2 octobre. Parle, c'est mieux pour toi.

— On a retrouvé des armes chez toi. D'où sortent-elles ? Tu n'as pas de permis de port d'armes.

Je ne dis pas un mot.

Je demandai à m'entretenir une nouvelle fois avec mon avocat, droit qui me fut accordé. Dans l'intimité d'un bureau, je lui avouai le hold-up de la Société Générale à Vincennes, le 16 octobre 1969, la veille d'un casse que Lambert et Jubin avaient commis ensemble. De toute façon, ils en avaient les preuves, je n'allais pas pouvoir nier longtemps. Mais je ne balançai pas Jubin, même pas à mon avocat. Il m'annonça que j'allais être déféré dans les heures qui suivaient, puis emprisonné dans l'attente de mon procès. Nous nous reverrions donc au palais de justice. Enfin, je reverrais l'un de ses poulains. Le cabinet de Maître Déodato comptait de nombreux avocats, il confierait donc l'instruction à un jeune prodige, mais assurerait ma défense au tribunal. Il m'annonça que dans ce genre d'affaire, l'instruction peut prendre des années, durant lesquelles le prévenu est en préventive, temps d'emprisonnement déduit de la peine infligée.

Une avance.

Un crédit de temps passé en taule.

L'assurance pour la nation que le criminel présumé que j'étais n'allait pas remettre ça avant longtemps.

Je fus déféré au parquet après trente-six heures de garde à vue. J'appris ce jour-là par l'avocat du cabinet de Maître Déodato qu'Évelyne avait été envoyée à Fleury-Mérogis. Le juge d'instruction m'accueillit froidement. J'étais flanqué d'un gardien de la paix de chaque côté, mon avocat attendait, debout devant sa chaise, que l'on me fasse entrer.

— Laissez-lui les menottes.

Le ton était donné. Il ne leva pas les yeux de son dossier. J'allais m'asseoir lorsqu'il m'intima de rester debout, sans même me jeter un regard. Il ne leva les yeux par-dessus ses verres à double foyer que pour me dire que suite à la garde à vue et aux charges retenues contre moi, à savoir pour l'instant vol en réunion, usage d'armes et recel de véhicules, il ordonnait ma mise en détention à la prison de la Santé.

Jamais deux sans trois.

À l'instant où le verdict résonna dans le bureau poussiéreux du juge d'instruction, je me revis, quelques mois auparavant, me disant justement de faire gaffe à mon matricule. Mais rien de ce que j'avais entrepris depuis cette deuxième arrestation n'avait été de nature à me sortir du guêpier dans lequel je gravitais depuis des années. J'allais devoir désormais prendre mon mal en patience, j'étais en effet certain de fêter mon trentième anniversaire seul, au fond de ma cellule.

Jubin avait fini par se faire prendre juste avant les fêtes de fin d'année. Il fut incarcéré à la Santé, comme moi, mais dans un autre quartier, le 30 décembre 1969. J'étais tenu au courant par mon avocat, qui me rendait visite régulièrement pour me tenir informé de l'avancée de l'instruction. Depuis mon arrestation quelques semaines plus tôt, j'avais été convoqué une seule fois chez le juge. Suivant les conseils de mon avocat, j'avais fini par reconnaître trois hold-up. Ceux pour lesquels on avait des preuves contre moi. Jubin, lui, était non seulement poursuivi pour cette série de braquages, mais surtout pour le double meurtre du Gavroche, et tout de même, pour le viol de Nicole Attia, qu'il avait finalement relâchée le matin du double meurtre. Évidemment, il niait en bloc. Il n'empêche qu'il encourait la prison à perpétuité.

Je n'étais pas le seul complice avec lequel il avait commis des braquages puisqu'il travaillait avec d'autres équipes. Se sachant de toute façon bon pour la perpétuité, il reconnut des braquages auxquels il n'avait pas pris part, histoire de sauver la peau de certains de ses complices, ou de minimiser leur peine. C'était courageux. Enfin, si l'on peut appeler ça du courage. Avait-il le choix, finalement ? Nous avions le même âge. Admettons que je prenne quinze ans, je serais sorti à 45 ans, il me resterait de belles années devant moi. Lui, il partait pour le restant de ses jours.

Jubin et moi étions tous les deux emprisonnés à la prison de la Santé, dans le bloc B, lui au quartier bas, moi au quartier haut. Nous n'avions aucun contact, hormis par l'intermédiaire de nos avocats qui nous tenaient informés de l'instruction. Il nous était impossible de nous croiser, les heures de promenade ou de douche ne coïncidant jamais entre les quartiers. Nous passions le plus clair de notre temps dans notre cellule, avec nos codétenus, sans possibilité de travailler puisque nous étions en réclusion préventive. Je retrouvai la promiscuité, l'absence complète d'intimité, la nécessité absolue de faire attention à tout, à commencer par soi-même. Je renouai avec le bruit de la cantine qui passe dans la coursive, le chariot du bibliothécaire, les portes qui claquent, les clés dans les serrures qui s'ouvrent et se referment à intervalles réguliers, tous ces bruits qui m'étaient devenus familiers et que je n'étais pas près d'oublier. Rien n'avait changé bien sûr. Ceux qui avaient un peu d'argent cantinaient, organisaient des petits trafics de cigarettes. Les autres, dont j'étais, attendaient que le temps passe, en essayant de se faire oublier le plus possible, de ne jamais s'attirer d'ennuis et, surtout, en se taisant, seul moyen de sauver sa peau dans cet univers clos, où la violence était monnaie courante et invisible. Je n'avais donc rien d'autre à faire que cogiter.

Réfléchir au moyen de m'évader.
Trouver la porte de sortie.
Avoir l'idée que personne n'avait eue avant moi.

Finalement, c'est Évelyne qui nous sortit de ce guêpier deux ans et demi plus tard.

11

Faits comme des rats

11 avril 1972.

Vingt-quatre heures à peine après notre évasion du palais de justice de Paris, j'étais planté au beau milieu de la nuit devant cette fenêtre du studio de la rue de Varennes. Regardant les allées et venues par l'entrebâillement des épais rideaux, je repensais avec nostalgie au jeune homme que j'étais deux ans auparavant, qui rêvait d'évasion, s'était transpercé le ventre pour faire libérer sa douce épouse, et venait donc de parvenir à s'échapper d'un lieu dont personne avant lui n'avait réussi à s'évader.

J'avais retrouvé Évelyne. J'avais enfin pu la serrer contre moi, l'embrasser follement, la remercier de son aide salvatrice. J'avais aussi retrouvé mon vieux copain Jubin. Nous ne parlâmes pas du double meurtre dont il devrait répondre tôt ou tard. Je restais fidèle à mon attitude de toujours.

Pas de questions.

Pas de sermon.

Nous devions désormais envisager la suite. Même si le copain qui avait prêté le studio rue de Varennes n'était pas censé savoir à quoi il servait, il ne tarderait pas à le découvrir.

En effet, cette fois, il y avait fort à parier que nous ferions dès le lendemain la une de tous les quotidiens de France et de Navarre et que nos trois portraits occuperaient la place sous un titre racoleur, nous faisant passer pour des fous dangereux, incontrôlables et certainement armés.

Armés, ça, nous l'étions.

Dangereux, certainement que nous l'étions aussi, dès lors que l'un de nous trois avait déjà tiré à bout portant sur deux innocents.

Incontrôlables, j'ignore jusqu'à quel point.

Au milieu de la nuit, alors qu'aucun de nous ne parvenait à trouver le sommeil, la suite de notre fuite devint notre priorité. Nous avions de quoi nous restaurer un minimum, quelques vêtements qu'Évelyne avait apportés avant de nous rejoindre au palais de justice dans l'après-midi, mais nous n'avions pas de quoi tenir un siège. Évelyne s'était procuré un plan de métro et de bus, pour nous aider à repérer l'itinéraire à apprendre par cœur, car il était acquis que nous n'échangerions pas un mot en dehors du studio. Nous décidâmes de quitter la planque le lendemain soir, à une heure à laquelle il y avait moins de risques de se faire repérer. Nous devrions partir avant le dernier métro, que nous emprunterions vers le nord-est de Paris, afin de nous rapprocher du périphérique. Il nous suffirait ensuite de voler une voiture, exercice auquel nous étions sacrément entraînés depuis le temps, de nous engouffrer dans la circulation et de quitter la capitale. Nous n'avions aucune idée de là où la cavale nous mènerait, rien n'avait été organisé. Il était en revanche certain que nous fuirions à l'opposé de la Normandie où vivait la famille d'Évelyne. Nous aurions bien sûr pu trouver refuge dans le pays de Caux, mais il était évident que tôt ou tard, les flics interrogeraient les membres de nos familles respectives. En fuyant vers le nord-est, nous avions de meilleures chances de nous écarter des risques, voire de passer en Belgique avant la fin de la journée, si nos identités n'avaient pas été signalées à tous les postes-frontières d'ici là. Évelyne avait un peu d'argent sur elle, mais pas non plus de quoi tenir des lustres. Il nous faudrait donc trouver des alliés durant notre cavale. À ce moment précis, je n'avais aucune idée de ce que serait cette fuite.

Il s'était donc passé vingt-quatre heures depuis notre spectaculaire évasion du palais de justice. Aucun de nous n'avait eu l'idée d'allumer la radio ou la télévision, cela n'aurait fait qu'ajouter du stress.

Ce 11 avril 1972, vers 23 heures 30, nous quittâmes la planque, les mains dans les poches, direction l'École militaire, à quelques centaines de mètres de la rue de Varennes, afin de plonger dans les galeries de métro de la ligne 8. À quelques mois près, nous aurions pu nous engouffrer dans la station Varennes, mais cette ligne n'était pas terminée. Paris était un vrai gruyère, les lignes de métro fleurissaient dans tous les coins, soit pour étendre le réseau déjà existant, soit pour connecter des lignes entre elles. La ligne 8 traversait la capitale du sud-ouest au sud-est en passant par le centre. Nous décidâmes de la rejoindre séparément. L'un de nous d'un côté d'un trottoir, les deux autres se suivant à bonne distance, comme trois quidams qui ne se connaissent pas. Évelyne avait couvert ses cheveux blonds d'un foulard et arborait des lunettes fumées. Jubin s'était paré d'une fausse moustache, il suffit parfois de pas grand-chose pour changer une physionomie, et je portais pour ma part une casquette et des lunettes. Il était évident que nos visages feraient la une des journaux et que les photos présentées seraient celles prises par les policiers lors de nos arrestations respectives. Nous ne devions pas attirer l'attention.

Dix minutes plus tard, nous attendions sur le quai, suffisamment loin les uns des autres pour que nul ne s'imagine que nous étions ensemble, mais suffisamment près pour ne pas nous perdre. Chacun de nous monta dans la rame qui se présentait par une porte différente. Elle se remplit à Concorde de gens qui rentraient de soirée, riaient de bon cœur, ou de personnes qui sortaient tard du travail et ne pensaient plus qu'à la petite nuit qui les attendait avant d'y retourner le lendemain. Jubin et Évelyne étaient assis dos à dos sur deux banquettes. J'étais debout un peu plus loin, appuyé contre la barre centrale, tandis qu'un vieux monsieur s'était installé sur un strapontin et avait déplié son journal du soir. Sur cette édition, notre évasion faisait l'objet d'un entrefilet à la Une, dont je parvins à peine à déchiffrer le titre. Pas de photo. Mon niveau de stress baissa aussitôt. Nous avions relâché nos otages sains et saufs, voilà qui devait nous épargner les plus gros titres, lesquels étaient plutôt réservés à la grève des salariés de l'Office de radiodiffusion-télévision française (ORTF), au séisme de magnitude 7 sur l'échelle de Richter survenu à Téhéran la veille et à la reprise du travail après six semaines d'une grève violente aux établissements Joseph Paris[1] à Nantes.

Comme nous l'avions décidé, nous quittâmes cette rame à Opéra pour nous engouffrer dans les couloirs souterrains vers la ligne 7 bis, direction Le Pré-Saint-Gervais et le nord de Paris. Nous marchions le long des couloirs les uns derrière les autres, laissant toujours quelques personnes entre nous, l'un passant parfois devant l'autre. Nous avions l'air de trois parfaits inconnus, avançant d'un pas décidé vers une destination précise. À nouveau, nous montâmes

1. Créée en 1869, l'entreprise de serrurerie Joseph Paris devient en 1966 l'une des dix plus grandes entreprises françaises de construction métallique. En 1970, l'entreprise emploie 700 salariés. L'entreprise est rachetée en 1992 par le groupe Fayat et intègre ainsi le leader français de la construction métallique.

dans le même wagon de la rame de métro, chacun par une porte. Le trajet se déroula sans encombre jusqu'à Jaurès. Depuis la gare de l'Est, la rame s'était vidée peu à peu, nous ne prîmes pas le risque d'aller jusqu'au terminus. Remontés à la surface dans la nuit noire, nous nous engageâmes dans les petites rues mal éclairées qui menaient vers le périphérique. C'était l'heure où les derniers couche-tard descendent leur chien avant d'entamer leur nuit, l'heure à laquelle certains restaurants baissent le rideau, alors que d'autres bars étaient bondés. L'arrière de la gare de l'Est était aussi un repaire pour les travailleurs de nuit et les prostituées, il y avait juste ce qu'il fallait d'agitation pour ne pas attirer l'attention.

Et puis, vint ce moment hors du temps.

Alors que nous marchions dans la rue Petit, parallèle au boulevard Jean-Jaurès, à une dizaine de mètres de moi, une jeune femme s'approcha d'une Austin Mini blanche, garée le long du trottoir. Ni une ni deux, je fis signe à Jubin et Évelyne qui marchaient en face. C'était une sacrée aubaine qu'il nous fallait saisir absolument. Jubin et Évelyne accélérèrent, traversèrent sur la route. Jubin passa devant moi, et se planta devant la jeune fille.

— Tes clés ! hurla-t-il.

Saisie, la jeune femme recula d'un pas et s'exécuta. Tout en maintenant son arme pointée vers sa tête, il déverrouilla la portière avant gauche, fit le tour de l'Austin par l'avant et, sans la quitter des yeux une seconde, déverrouilla la portière avant droite.

— Prends le volant ! hurla-t-il à nouveau.

La jeune femme, transie d'effroi, s'installa derrière le volant, tandis qu'Évelyne et moi nous entassions sur la banquette arrière. Jubin s'assit enfin sur le siège passager, tout en braquant son arme sur la tempe de l'inconnue, désormais paniquée. Nous l'avions prise par surprise, elle ne nous avait pas vus venir. Notre plan était simple : elle nous conduirait quelques kilomètres, après quoi nous abandonnerions ce chauffeur paniqué. De là, nous repiquerions vers le boulevard Serrurier en direction de la porte de Pantin, nous volerions un autre véhicule afin de nous engager sur le périphérique.

— Démarre ! lança Jubin.

Elle actionna la clé mais, paniquée, rata son premier démarrage. Elle allait retenter le coup quand notre chance tourna définitivement. Nous n'eûmes pas le temps de fuir, notre plan s'arrêta là, tout net, au beau milieu du 19e arrondissement de Paris, à deux kilomètres à peine du périphérique, au beau milieu de la nuit.

Non seulement une fourgonnette de police arrivait à notre hauteur, mais notre proie se mit à hurler plus fort qu'une horde de hyènes déchaînées, provoquant un vent de panique chez les résidents prêts à aller se coucher. Les lumières se rallumèrent aux fenêtres, les curieux se penchèrent aux balcons en pyjama pour assister au spectacle dont ils se souviendraient certainement toute leur vie.

Le mauvais endroit au mauvais moment.

Le fâcheux concours de circonstances.

Le funeste hasard.

La pendable malchance.

Les quelques policiers se trouvant à bord de l'estafette noir et blanc eurent vite fait d'en descendre et de nous encercler, tandis que leur chauffeur alertait l'état-major. Jubin fut sommé de poser son arme, ce qu'il ne fit pas tout de suite.

— N'approchez pas ou je la tue ! prévint-il.

Évelyne et moi étions pris au piège à l'arrière de cette Austin Mini, si petite qu'il nous faudrait au moins deux minutes pour nous extirper de la banquette arrière. Médusé, je regardai, ébahi, les cinq ou six policiers entourant la voiture, armes pointées en notre direction. Jubin, lui, n'était plus à ça près, je le savais capable de tuer de sang-froid cette pauvre malheureuse qui n'avait rien demandé. Il avait le bras tendu, l'arme pointée sur la tête de la jeune femme, dans une tension extrême. D'un seul coup, les secondes semblèrent durer des heures. J'aurais voulu lui dire de ne pas tirer, mais j'étais paralysé. Il ne tremblait pas, tenait fermement la crosse, et ne lâchait pas sa victime des yeux. Elle avait empoigné le volant et s'y cramponnait comme à sa propre vie. Les yeux fermés, elle récitait certainement intérieurement quelques prières.

Dans ces secondes suspendues au bon vouloir de Jubin, un jeune brigadier, ayant contourné la voiture par l'arrière, arrivait à la hauteur de la portière droite.

Chacun était tellement concentré sur l'arme de Jubin, et Jubin était lui-même tellement concentré sur le policier qui lui faisait face près de la portière avant gauche, que personne ne l'avait vu venir. Lentement, le policier ouvrit la portière. Son calme était sidérant. Il pointait son arme sur Jubin. Il le somma de baisser son pistolet.

Je ne saurais jamais si Christian avait réfléchi, s'il avait eu conscience que tuer cette jeune femme aggraverait sérieusement notre cas à tous sans nous offrir une chance de fuir. Toujours est-il qu'il amorça un geste vers le bas et qu'aussitôt, le brigadier le désarma sans ménagement. Deux policiers prirent la relève pour le sortir de la voiture et le coucher sur le trottoir, les mains dans le dos. Il fut menotté aussitôt.

— Tirez ! Mais allez-y ! Tirez !

Évelyne hurlait aux policiers de nous abattre. Peut-être espérait-elle mourir en martyre. Elle n'eut en tout cas pas la présence d'esprit de sortir les armes qu'elle portait dans son sac, et c'était mieux comme ça, nous n'avions aucune chance de nous en sortir vivants et, même si les circonstances me rendaient fou, j'acceptai le sort qui était le mien.

Je me résignai.

Nous avions tenté, mais nous avions échoué.

Évelyne et moi quittâmes la voiture, chacun par un côté, les mains en l'air, alors qu'une deuxième estafette de police arrivait toutes sirènes hurlantes, en sens interdit de la rue Petit, pour bloquer la circulation.

Nous étions faits comme des rats.

Menottés à nouveau.

Renvoyés à la case départ, avec un casier un peu plus long que vingt-quatre heures plus tôt, et de très sérieuses circonstances aggravantes.

Nous fûmes d'abord transportés sans ménagement au commissariat central du 19e arrondissement. À aucun moment les menottes ne nous furent retirées, les policiers qui venaient de nous coincer par le plus grand des hasards n'allaient certainement pas prendre ce risque ! Ils venaient de réaliser le coup de leur carrière et il y avait fort à parier qu'une médaille leur serait décernée à la première occasion.

Nous fûmes tous les trois séparés.

Je passai les quelques heures qui suivirent privé de tout contact avec ma femme et avec mon complice. Chacun dans un bureau, nous dûmes répondre de notre identité. Les policiers qui nous interrogèrent n'avaient pas d'autres instructions que de nous mener à bon port : le Quai des Orfèvres.

Je n'eus pas le loisir d'embrasser Évelyne.

Pour ma part, je quittai le commissariat central du 19e arrondissement alors que le jour commençait à poindre, après deux nuits sans sommeil, et sans savoir si Évelyne y était encore, ni où elle serait incarcérée.

De retour Quai des Orfèvres, je fus traité sans ménagement. Cette fois, il n'y eut pas de garde à vue. Je passai la journée menotté à une chaise, parfois rattrapé par la fatigue, à subir un interrogatoire qui me sembla durer des heures. Je martelais que rien de ce qui s'était passé ces dernières vingt-quatre heures n'avait été prémédité, qu'à aucun moment nous n'avions eu l'intention de blesser qui que ce soit, que la prise d'otages avait été un pur concours de circonstances. Je plaidai autant que possible la cause d'Évelyne, mais je craignais que rien de ce que je disais ne puisse l'aider. Nous étions tous les deux dans de sales draps. Jubin aussi, bien sûr, sauf que lui était plus mal barré que nous, avant même l'évasion.

Je ne fus pas emmené au palais de justice, c'est le juge qui vint à moi pour m'informer que les assises auraient deux fois l'honneur de ma présence dans le box des accusés puisqu'en plus des braquages à main armée, je devrais répondre d'un autre chef d'inculpation : séquestration sur la personne d'un juge d'instruction et de greffiers, et enlèvement.

Je réintégrai la prison de la Santé dans l'heure, jusqu'à nouvel ordre.

12

La première tentative

La préventive avait ceci de particulier qu'on ne savait pas jusqu'à quand elle durerait. Cela dépendait de la date du procès. En l'occurrence, je le savais, j'aurais à répondre de mes actes deux fois. La première, pour les hold-up que nous avions commis, Jubin, Évelyne et moi. Nous en étions à la dernière instruction lorsque nous étions parvenus à nous échapper le 10 avril 1972, et d'ailleurs, quelques jours auparavant, j'avais sollicité une remise en liberté provisoire qui m'avait été refusée. J'en voulais énormément au système judiciaire, convaincu que c'était lui qui m'avait poussé aux excès. Si seulement cette remise en liberté surveillée tant de fois demandée m'avait été accordée, jamais le juge Magnan n'aurait été pris en otage, et jamais, surtout, nous ne l'aurions enlevé.

En même temps, il faut croire que les magistrats étaient clairvoyants, car en liberté, même surveillée, j'aurais probablement fini par leur échapper.

Ce qui était certain, c'est que l'emprisonnement entraînait de fait chez moi la volonté de m'évader. Certains prisonniers acceptent leur sort, se résignent. En jeune détenu que j'étais (je n'avais que quatre ans de prison à mon actif, en plusieurs épisodes), je n'avais qu'une ambition : me sauver. Ma vie ne valait d'être vécue que si je tentais quelque chose pour échapper à cet enfer. Ne rien faire, c'était renoncer à son droit le plus primaire : la liberté. Ne rien faire, c'était lâche. C'était se coucher devant la justice. J'acceptais les circonstances, au sens où je savais qu'un jour je me ferais prendre. Mais je n'acceptais pas l'incarcération, l'enfermement, la privation de droits, et encore moins la manière dont mon Évelyne devait être traitée. Mon incarcération en l'attente du premier procès prenait la forme d'une rébellion qui grandissait en moi, d'une colère sourde qui finirait par s'exprimer d'une manière ou d'une autre.

Des cellules du quartier haut du bloc A, on voyait au-delà des murs. Je n'avais pas parfaitement le plan de Paris en tête, mais pour avoir déjà séjourné dans cet établissement, je savais qu'il était bordé par le boulevard Arago d'un côté, la rue de la Santé, perpendiculaire au boulevard, où se trouvait l'entrée, et la petite rue Jean-Dolent, parallèle au boulevard Saint-Jacques, qui permettait de rejoindre la rue de la Santé depuis la rue du Faubourg-Saint-Jacques. C'était une rue peu passante, que j'apercevais depuis ma cellule.

Il ne fallut pas bien longtemps pour que germe l'idée d'une possible évasion.

Les entretiens avec mon avocat permettaient de faire passer du courrier. C'était l'unique certitude pour que les enveloppes ne soient pas ouvertes. Le courrier que les détenus recevaient de l'extérieur était ouvert, lu, parfois saisi. En passant par mon avocat, j'avais la certitude que rien de ce que j'écrirais ne serait trahi. Je lui fis donc passer une enveloppe à l'attention de Roland, un vieux copain ferrailleur, bien dégourdi, en qui j'avais toute confiance. Il ne fallut pas longtemps pour que me parvienne une enveloppe en retour, dans laquelle quelques billets étaient dissimulés. S'évader demande non seulement de l'ingéniosité, mais aussi un peu d'argent pour se procurer un outil ou acheter le silence d'un détenu trop curieux.

Dans ce courrier, Roland me confirmait que mon repérage était plutôt bon, et que l'évasion semblait possible. Juste en face de la fenêtre de ma cellule se trouvait un garage. La maison comptait deux étages puis un toit-terrasse fort pratique. Surtout, au coin du toit se trouvait un poteau électrique qui permettrait à Roland de rejoindre la terrasse sans difficulté, puis d'y accrocher un filin et une poulie. Il enverrait le filin par-dessus le mur, grâce à un yo-yo qui ferait contre-poids. De mon côté, il ne me resterait qu'à scier les barreaux de ma cellule, à fixer le filin, à m'accrocher à la poulie, et Roland me ferait passer en tirant sur le filin. Finalement, je traverserais les quelques mètres qui me séparaient du mur de ronde, comme accroché à une tyrolienne, en espérant que le maton planqué dans le tour de guet ne me voie pas et ne tire pas, surtout. Ça aussi, c'était le jeu, un risque à prendre.

Sur le papier, c'était facile. Plus les jours passaient, plus je me repassais le plan dans la tête, plus j'étais certain de mon coup. Roland et moi échangeâmes à différentes reprises au début de l'année 1970, pour parfaire le plan, tout envisager, tout mesurer, ne rien laisser au hasard. J'avais fini par trouver la lime dont j'avais besoin, il ne me restait plus qu'à entreprendre la grande évasion. Il arrivait même que certains soirs, j'aperçoive Roland, juché sur la terrasse, comme pour me rassurer sur le fait que c'était possible et dans nos cordes.

Il revint plusieurs soirs de suite.

À chaque fois, je me disais que j'étais prêt, que j'allais le faire.

Mais je n'eus jamais le temps de commencer à scier les barreaux de la fenêtre.

Ce matin-là, les matons surgirent dans la cellule de bonne heure, m'intimant de préparer mes affaires, je changeais d'hôtel. Je ne compris pas tout de suite. Je crus d'abord que je changeais de cellule, ce qui n'arrangeait pas mes petites affaires. On me hurla de me dépêcher, de préparer mon sac, je déménageais. Je suivis les matons dans les couloirs de la prison, un peu sonné par ce qui était en train de se passer. Puis, nous débouchâmes dans la cour d'honneur, où les fourgons nous déposaient lors de notre incarcération.

Un fourgon m'attendait. Je fus à nouveau menotté, poussé sur le banc, attaché à un montant en ferraille, un gardien de la paix de chaque côté. Avant que la portière se referme, le directeur de la prison se planta devant moi.

— Segard. Transfert à Fleury-Mérogis.

Pas un mot de plus.

Pas un regard.

Pas une explication.

Une injonction dépersonnalisée.

Froide.

La portière du fourgon claqua, le camion démarra, la porte de la prison s'ouvrit vers un autre horizon, et se referma en même temps que tout rêve d'évasion.

Je ne sus que quelques jours plus tard que je devais ce transfert à une nouvelle trahison. Je n'avais parlé à personne de mon intention de m'évader. Mais je n'avais certainement pas été suffisamment prudent. Dans ma cellule, certains m'observaient. Ils avaient repéré mon manège, planté devant la fenêtre. D'autres avaient certainement vu Roland, grimpé sur le toit terrasse du garage. Bref, j'avais été balancé, par un détenu, qui avait certainement gagné quelques jours ou semaines de remise de peine. Cela importait peu finalement, ce plan-là ne se déroulerait jamais.

J'arrivai donc au centre pénitentiaire de Fleury-Mérogis, dans l'Essonne, qui était alors la plus grande prison européenne, ouverte depuis à peine dix ans, et achevée en 1968. Les lieux étaient flambant neufs et, surtout, dotés des moyens de sécurité modernes. S'en échapper ne devait pas être une mince affaire. En effet, l'architecture même de la maison d'arrêt en faisait une forteresse. Ici, pas de murs d'enceinte, mais des ateliers couverts, dont l'épaisseur des murs en béton armé est tenue secrète. À l'époque, la maison d'arrêt était considérée comme la prison modèle. Il y avait là un quartier d'isolement où je fus incarcéré. En tant que détenu possiblement dangereux, en tout cas prêt à n'importe quoi pour se faire la belle, je serais tenu à l'écart. J'eus donc les honneurs d'une cellule individuelle dans laquelle je passai vingt-deux heures sur vingt-quatre, en attendant la promenade dans une cour entièrement grillagée. Au moins, à l'isolement, je ne partageais les sanitaires de personne, et je ne supportais aucune pression de qui que ce soit. Mais je n'avais que moi à qui parler. Je conservais le droit de faire autant de sport que je le souhaitais, et de lire tout ce que je voulais. Je n'ai jamais autant lu qu'incarcéré, c'était ma seule distraction. Je n'avais pas la possibilité de travailler ou de rencontrer qui que ce soit. J'avais en revanche le droit d'écrire. Chaque semaine, j'adressai un pneumatique[1] à Évelyne, et j'attendais sa réponse avec impatience.

D'ici, mes envies de liberté allaient être sérieusement mises à mal, et encore, je n'étais pas au bout de mes surprises, car le pire viendrait après le premier procès.

1. La poste pneumatique de Paris était le système de tubes pneumatiques fonctionnant entre 1868 et 1984. Géré par les P&T, le réseau permettait d'adresser des courriers qui parvenaient à leur destinataire dans la journée.

13

Le gang des Otages

Je n'en revenais pas ! Mon avocat venait de m'informer que Jubin, Évelyne et moi avions les honneurs du grand écran ! Voilà que notre rocambolesque évasion du palais de justice de Paris quelques mois plus tôt avait suscité l'intérêt d'Édouard Molinaro, lequel venait d'adapter pour le cinéma un scénario d'Alphonse Boudard, dont le synopsis était incroyable de ressemblance avec notre tentative d'évasion. Mon avocat avait été étonné que ce film soit autorisé et réalisé étant donné que nous n'étions pas condamnés. Cela étant, le contrat semblait bien ficelé, il me proposa de le signer, je pourrais au moins toucher un petit pécule, quelques droits d'auteur. J'avais donc paraphé le document que l'on m'avait présenté, ce qui nous donnait un droit de regard sur le scénario. Au moins, cela nous avait permis de faire retirer une scène dans laquelle le personnage d'Évelyne menaçait le juge d'une arme, ce qui n'avait jamais été le cas. Nous ne voulions pas que le film, même librement adapté, nous porte préjudice, il ne fallait pas exagérer ! Après tout, peut-être que ceux qui auraient à nous juger l'auraient vu et en garderaient en mémoire certaines scènes totalement fantaisistes et éloignées de la vérité. Nos noms ne furent pas cités, étant donné que, jusqu'à preuve du contraire, nous n'avions pas été jugés. Bien que sous les verrous, nous restions présumés innocents. Des innocents aux mains pleines, peut-être, mais nous avions des droits et nos avocats se chargèrent de les faire respecter. Le film sortit en salle le 1er février 1973, soit dix mois après notre évasion, et j'ignore combien de semaines il resta à l'affiche.

Il racontait l'histoire d'un truand qui, à peine sorti de prison retombait dans le banditisme. Arrêté avec un autre gangster et sa femme alors qu'ils étaient en cavale, il s'évadait du palais de justice en prenant des magistrats en otage. Avouez que toute ressemblance avec des faits ou des personnes réels ne pouvait être fortuite. Certains critiques le qualifièrent de « Bonnie and Clyde à la française », et ça me fit plutôt sourire.

J'entendis dire que le scénario n'était pas de première qualité, mais saluait le choix de Bulle Ogier pour camper le rôle de mon Évelyne. Sur l'affiche en noir et blanc, on pouvait voir les deux acteurs principaux, Bulle Ogier et Daniel Cauchy, chacun une arme à la main. Il faut croire que l'intrigue était surtout portée par la musique composée par Michel Legrand. Le reste semblait laisser à désirer, de ce que j'en entendis en tout cas, car évidemment, en prison, à l'isolement dans ma cellule, il n'était pas question de m'organiser une projection privée.

Fin juin 1974, alors que le chef-d'œuvre de Molinaro n'était plus à l'affiche, que tout le monde l'avait probablement oublié, et que la moitié de la France s'apprêtait à partir en vacances, Jubin, Évelyne et moi comparaissions pour la séquestration du juge Magnan et de ses greffiers, leur prise en otage, notre évasion et notre cavale de quarante-huit heures à peine.

Je le savais, le fait d'avoir été repris à peine évadés ne plaidait pas pour nous. Que la cavale dure quarante-huit heures ou dix ans, le prix était le même : nous nous étions évadés. Ce qui alourdirait la peine en revanche, c'étaient la séquestration et le fait d'avoir brandi des armes à feu. Nous ne les avions pas utilisées, certes, mais dès lors que nous avions menacé un magistrat d'une arme à feu, nous étions considérés comme dangereux.

L'affaire fut nommée par tous les journalistes, et même les magistrats, affaire du « gang des Otages ». Je ne sus jamais si Édouard Molinaro toucha des droits sur ce titre que je trouvai tout de même un peu pompeux. « Gang » me semblait un bien grand mot pour désigner trois malfaiteurs en quête de liberté. Mais je n'avais d'autre possibilité que de l'accepter, on ne me demandait pas mon avis. C'est d'ailleurs une des raisons pour lesquelles je ne lisais pas la presse et ne regardais pas les journaux télévisés, je trouvais toujours que la description que l'on faisait de nous était à charge. La perception que les journalistes avaient de nous était fausse, bien éloignée de la réalité, même si nous n'étions pas des enfants de chœur.

Je garde peu de souvenirs de ce premier procès aux assises de Paris. Nous comparûmes tous les trois en même temps, dans trois box séparés, menottés et surveillés de près par deux policiers présents dans notre box. Notre vie fut livrée en pâture à tous, quasiment depuis notre plus tendre enfance. L'objectif était de dresser de nous le portrait le plus fidèle possible. Évelyne faisait figure d'exception, elle qui avait grandi en Normandie, dans une vraie famille, qui avait reçu une bonne éducation. L'avocat général alla jusqu'à insinuer que c'est en me rencontrant qu'elle avait dévié de sa route, considérant davantage ses années de prostitution comme une erreur de jeunesse que comme un choix de vie. Pour Jubin et moi, le portrait fut moins glorieux.

Des gamins perdus, sans repères ni limites.

L'absence remarquée du père, figure d'autorité.

Une enfance plus ou moins ballottée.

Un entourage qui fait ce qu'il peut, mais pas l'impossible.

Une adolescence houleuse, bagarreuse.

Une jeunesse faite de mauvaises rencontres.

Un attrait certain pour l'argent facile.

— Voilà, Mesdames et Messieurs les jurés, comment ces deux prévenus se retrouvent là, dans le box des accusés, à 30 ans tout juste, après dix années d'errance.

La grandiloquence de l'avocat général me fit sourire. Jusqu'à ce qu'il ajoute que si la société avait sa responsabilité dans l'échec de cette éducation pauvre, il n'en demeurait pas moins que nous étions les seuls responsables de cette prise d'otages, que personne ne nous avait forcés à prendre les armes et à menacer le magistrat et ses greffiers.

Quand mon tour vint d'être entendu, je tentai autant que possible de dédouaner Évelyne. Non, elle n'avait rien prémédité. Non, nous n'avions jamais envisagé de séquestrer le magistrat, jusqu'à ce que cela apparaisse comme l'unique solution. Évidemment, l'avocat général me fit remarquer dans un sarcasme que tout le monde ne se balade pas avec trois ou quatre pistolets dans son sac à main. J'avais envie de rétorquer qu'elle n'était pas responsable d'être parvenue à ses fins : personne ne l'avait fouillée à son arrivée au palais de justice, alors qu'elle était en liberté surveillée. Mais je me tus. Mon avocat m'avait fait la leçon, il ne servait à rien de monter sur mes grands chevaux durant le procès, cela se retournerait contre moi. Je ravalai ma fierté, mais je sentis la boule de colère grossir au creux de mon ventre, et m'étouffer.

Le seul qui se fichait pas mal de la peine qui lui tomberait dessus était Christian Jubin. Qu'il prenne dix ou quinze ans ne changeait rien pour lui, il savait qu'il finirait ses jours en prison, puisqu'il avait déjà écopé de la réclusion criminelle à perpétuité le 28 mai 1973, pour le double meurtre du Gavroche. D'ailleurs, le journaliste du *Monde* qui relata ce procès[1] rechercha lui aussi une ressemblance entre le personnage interprété par Daniel Cauchy dans le *Gang des Otages de Molinaro* et le Jubin qui lui faisait face dans le box des accusés. Il n'en trouva pas. Au contraire, si le personnage faisait preuve d'une certaine arrogance, Jubin comparut penaud, semblant enfin comprendre au printemps 1973 la portée de son acte. Il avait toujours nié les faits qui lui étaient reprochés, en dépit du témoignage à huis clos de Nicole Attia, enlevée puis violée par lui. Il persista d'ailleurs à nier jusqu'aux assises. Mais les jurés ne s'y trompèrent pas, il fut condamné à la réclusion criminelle à perpétuité, et il ne fallait pas qu'il se plaigne, il avait échappé à la peine de mort que l'avocat général avait finalement renoncé à réclamer dans son réquisitoire. À partir de ce moment-là, tous les procès dans lesquels il comparut furent une occasion de promenade supplémentaire, une sortie durant laquelle il revoyait de vieux copains, une occasion de s'accuser de crimes qu'il n'avait pas commis.

Nos avocats tentèrent de nous trouver des circonstances atténuantes, notre enfance en effet. Jubin avait été abandonné par sa mère, puis par sa grand-mère et sa nourrice. Moi, j'avais grandi entre une sœur pleine

1. M. D., « Christian Jubin répond d'un double meurtre commis dans un ancien bar de Jo Attia », *Le Monde*, 30 mai 1973.

de bonne volonté, mais dépassée, et des frères aux abonnés absents, traumatisé par l'assassinat de mon père et de mon frère aîné… Vint enfin, au cours de la plaidoirie, la faute de cette société qui punit, mais n'éduque pas, qui condamne, mais n'offre pas de moyens de réparer, qui emprisonne en renvoyant les coupables à la seule condition d'animaux, ce qui les rend encore plus dangereux une fois dehors.

La sentence tomba le 28 juin 1974.

Georges Segard, 14 ans de réclusion criminelle.

Christian Jubin, 13 ans de réclusion criminelle.

Évelyne Segard, 12 ans de réclusion criminelle.

Nous écopâmes chacun d'un an supplémentaire pour évasion avec violence.

Mon sang ne fit qu'un tour. La colère qui m'étouffait depuis quelques heures déjà jaillit sans que je puisse me contrôler.

— Ordures ! Bande d'ordures ! criai-je dans la salle d'audience.

À l'énoncé du verdict, la fureur me fit sortir de mes gonds. Je ne tolérais pas qu'Évelyne écope de cette peine si lourde. Manifestement, les jurés n'avaient pas pris en compte la passion avec laquelle elle avait agi, sa déraison par amour, la sincérité des sentiments que nous nous portions et qui l'avait poussée à agir ainsi. Je hurlai dans le tribunal, avant que cinq policiers m'empoignent et me ramènent au dépôt.

14

Deuxième tentative

Pour un condamné, le champ des possibles n'est pas très étendu. En tout cas dans ma situation. Sitôt condamné, j'avais été renvoyé dans mes pénates de Fleury-Mérogis. J'ignorais si j'y passerais les dix ans qui restaient à purger sur ma peine de quatorze ans, mais le fait est que je n'avais pas encore accès à un éventuel travail au sein de la maison d'arrêt, puisque je resterais en préventive jusqu'à la prochaine session d'assises, au printemps 1975, pour le procès des hold-up.

Encore une fois, j'adoptai l'attitude qui m'avait toujours valu d'avoir la paix : je ne posai pas de questions. Mes codétenus me racontaient ce qu'ils voulaient, me disaient ce qu'ils pensaient utile que je sache, afin d'acheter leur tranquillité. En prison, ceux qui avaient refroidi quelqu'un et qui avaient pris perpète s'arrangeaient en général pour qu'on le sache.

Ça leur donnait une forme de pouvoir.

Ça inspirait le respect.

Ça suscitait la peur.

Moi, je ne cherchais à impressionner personne. J'aspirais à ce que l'on me fiche la paix. En revanche, ma réputation me précédait souvent. J'étais ce gars qui était parvenu à s'échapper du palais de justice de Paris, qui avait pris trois personnes en otage, ce qui faisait de moi quelqu'un qui ne se laisse pas démonter. Quand cela se sut, je devins le premier à avoir eu le cran d'enlever un magistrat. Cela aussi inspirait le respect. Ça posait le décor. J'étais le type qui ne ralentit devant aucun un mur, quel qu'il fût.

Alors forcément quand, fin juin 1974, alors que j'étais condamné depuis deux mois, des bruits d'évasion avaient commencé à circuler dans les couloirs de la prison, il fallait que j'en sois. De toute façon, les organisateurs n'avaient pas d'autre option que de m'emmener : j'étais au courant de leur projet, ne pas m'emmener faisait peser le risque que je les dénonce. Très franchement, je n'aurais jamais balancé. Mais j'avais cette petite longueur d'avance dont je profitais. Certains détenus avaient à l'extérieur des complices qui avaient l'intention d'escalader les murs des ateliers, extrêmement larges, puis de faire passer des échelles de corde côté cour. Nous profiterions de la promenade pour nous échapper.

Même sur le papier, le plan était bancal et avait peu de chances de réussir. Mais quand on fait face à dix ans de prison au minimum et qu'un second procès nous attend, on n'a rien à perdre. En préventive, je n'avais eu de cesse d'échafauder des plans, de réfléchir au moyen de sortir. Maintenant que mon avenir était scellé pour les dix ans qui venaient, et qu'une autre condamnation me pendait au nez, m'évader devenait mon unique but.

C'est Pierre, un codétenu qui avait des complices à l'extérieur, qui avait monté ce coup. Je savais juste qu'il était incarcéré pour association de malfaiteurs. Je n'avais pas l'intention de m'en faire des amis de longue date. Peut-être qu'un jour je leur serais redevable de quelque chose. Ce n'était pas le propos à l'instant où nous fomentions ce plan. Mon intention était plutôt de disparaître quelque temps, puis de parvenir à faire sortir Évelyne.

L'évasion fut fixée au 14 juillet 1974 après-midi, durant la promenade, vers 16 heures. Les complices à l'extérieur étaient parvenus à faire passer le message. À cette date, toutes les forces de police et militaires étaient en général réquisitionnées pour les manifestations organisées à l'occasion de la fête nationale. L'inconvénient, c'était que la foule ne courait pas les rues, et qu'il nous serait plus difficile de nous noyer dans la masse. Cela étant, la date était fixée, je ne discutai pas, je suivis.

Le plan n'était pas simple, d'abord parce que Pierre, son pote et moi n'étions pas dans la même cour. Pour le rejoindre, je devais casser les grillages qui séparaient nos deux cours, ce qui impliquait que je me sois procuré une pince coupante. Qu'importe, je savais gérer. Ensuite, il nous faudrait courir jusqu'à l'enceinte, passer le second grillage, attraper l'échelle de corde qui nous aurait été lancée, puis grimper chacun à notre tour. Autant dire que ce n'était pas gagné, mais que ça se tentait.

Une fois en promenade, je m'attelai à cisailler le grillage. Dès que nous aperçûmes l'échelle de corde, signal que les complices à l'extérieur étaient parvenus à traverser le champ sans se faire repérer, Pierre franchit l'enceinte de sa cour le plus rapidement possible, suivi de son complice. Je continuai à couper le grillage. Il avait déjà attrapé la corde, à laquelle il s'accrochait. Je m'affairai, essayant d'aller le plus vite possible pour ne pas leur faire courir de risques s'ils devaient m'attendre. Pierre était suspendu à deux mètres du sol, ses complices, de l'autre côté de la muraille, le tirant de toutes leurs forces. Et puis, voilà que d'un coup, le poids de Pierre ramena la corde lourdement contre le mur, ses deux poings venant percuter le béton avec force. Sous l'effet de la douleur, il lâcha prise et s'écrasa lourdement au sol. C'en était fini de l'évasion, il était évident que nous étions repérés. Je jetai ma pince coupante par le trou que j'étais parvenu à faire dans le grillage et suivis le mouvement qui commençait à s'organiser.

Avant même que nous ayons aperçu l'ombre d'une silhouette de gardien sur le toit de l'atelier, les sirènes retentirent dans l'enceinte de la prison. Aussitôt, la promenade fut terminée, tous les détenus furent sommés de rentrer, en rangs serrés, dans leur cellule. Les gars à l'extérieur avaient été repérés. Je me demandai même comment trois types au milieu d'un terrain vague, rampant vers le mur d'enceinte avec une échelle de corde sous le bras, étaient parvenus à passer inaperçus des miradors. La chute de Pierre les avait fait fuir avec bien moins de précautions que lors de leur approche. Finalement, l'alarme avait été donnée et les trois complices furent pris en chasse.

Si Pierre et son copain, qui avaient monté ce plan, furent facilement identifiés, étant donné qu'ils étaient au pied du mur, je fus soupçonné de faire partie des fuyards, mais le directeur de la prison n'en eut jamais la preuve. Disons que mon passé plaidait en faveur des soupçons à mon encontre. Il ne faut pas croire, ce n'est pas parce que la présomption d'innocence existe qu'elle s'applique systématiquement. L'administration pénitentiaire savait à qui elle avait affaire et avait bien conscience que, parmi la masse de détenus, il y en aurait toujours quelques-uns pour tenter l'impossible. Mon nom avait d'ailleurs fuité et s'était retrouvé dans un entrefilet du *Monde*[1], alors que celui des autres détenus n'était pas cité. C'est dire si j'étais surveillé comme le lait sur le feu et comme mes intentions étaient claires ! Dans le doute, j'écopai de quarante-cinq jours de mitard, sans savoir que

1. « Georges Segard serait l'un des trois détenus qui ont cherché à fuir », Le Monde, 17 juillet 1974

cela constituerait un entraînement pour les années qui suivraient. Je n'imaginais même pas la peine de mes deux collègues.

En tout cas, la liberté n'était pas pour ce 14 juillet 1974.

15

Deuxième round

Le gang des Otages n'en avait pas fini !

En cette fin avril 1975, je comparus en même temps que Christian Jubin, Évelyne, Armand Zorelli, Michel Legal et son épouse, Marcel Lambert, Guy Leroy et son épouse[1], tous alignés dans le box des accusés, au long de plusieurs jours de procès. Évelyne, Jubin et moi croupissions en prison depuis la fin de l'année 1969 et mis à part notre escapade de vingt-quatre heures, nous n'avions pas remis le nez dehors. Déjà quatre ans et demi d'emprisonnement, j'en avais encore au minimum dix devant moi, car j'ignorais de quelle peine j'écoperais cette fois.

Enfin, à chaque jour suffit sa peine, nous comparaissions cette fois pour les hold-up commis entre juillet et novembre 1969. Je n'en avais reconnu que trois, ceux pour lesquels les magistrats avaient des preuves

1. Zorelli, Legal, Lambert et Leroy sont des noms d'emprunt afin de protéger l'identité des prévenus.

contre moi. Pour les autres, je comptais sur le doute pour ne pas alourdir ma sentence. Ce chef d'inculpation s'accompagnait du vol et du recel de véhicules et de l'usage d'armes à feu. Le procès commença le 23 avril et s'achèverait le 25 avril 1975 par les réquisitoires de l'avocat général, Maître Pierre Callaud. Tout au long de ces deux jours et demi, nos différents avocats s'étaient succédé à la barre, tantôt pour démontrer le manque flagrant de preuves, tantôt pour plaider l'irresponsabilité, tantôt pour souligner qu'à l'inverse d'autres malfaiteurs, nous n'avions jamais blessé qui que ce soit, tantôt pour accuser la société de ne pas avoir su établir des circonstances sociales favorables qui nous auraient évité de sombrer dans la pègre parisienne.

Je ne cherchai pas à me défendre, j'étais coupable et prêt à en accepter le prix. Je fis simplement valoir que pour tous ces hold-up, Évelyne n'était pas notre complice. Je plaidai une nouvelle fois qu'elle n'avait pas eu le choix, que nous l'avions obligée à nous servir de chauffeur et l'avions même menacée. En plus de voyou, je passai donc pour un odieux mari, un type sans cœur, une espèce de brute épaisse que je n'étais pas.

Chacun des prévenus patienta dans un box isolé des autres, nous ne pouvions certainement pas échanger. Heureusement pour Lambert, car je lui aurais bien démonté la mâchoire et brisé quelques côtes. Il prendrait certainement moins cher que moi, mais il méritait qu'on lui refasse le portrait. En attendant le verdict des jurés, je fulminai. À la fois, j'espérais que ma sincérité paye pour Évelyne, et je sentais la colère me nouer les entrailles. Et puis, dans la seconde qui suivait, ma clairvoyance reprenait le dessus : quel crédit pouvait-on accorder à un type qui ne reconnaissait que trois braquages sur le nombre incroyable de ceux qu'il avait commis ? Les magistrats n'avaient de preuves que pour ceux de juillet à novembre 1969, en réalité, j'étais aux affaires depuis quatre ou cinq ans quand ils avaient fini par m'attraper. C'était un juste retour des choses, j'avais braqué cinq ans, je m'attendais à en passer le double en prison.

La sentence fut à la hauteur. Lorsque nous fûmes ramenés dans le box des accusés, la cour fit son entrée dans une salle d'audience pleine à craquer. Les jurés entrèrent en rang et s'installèrent sur leur banc.

— Le jury a-t-il rendu son verdict ? interrogea le président.

— Oui, Monsieur le président, déclara le premier juré.

Ce dernier, un type certainement bien sous tout rapport, que nous ne reverrions jamais et dont nous ne connaissions pas l'identité, tendit le document qu'il tenait entre ses mains au greffier qui le remit au juge. L'énoncé du verdict prit un certain temps, car nous étions nombreux à comparaître. La cour rendit donc son arrêt le 24 avril 1975, nous déclarant coupables, pas tous des mêmes méfaits. Nous étions également condamnés, mais pas aux mêmes peines.

Christian Jubin, 13 ans de réclusion criminelle, qui s'ajoutaient donc à sa perpétuité, c'en était presque risible.

Georges Segard, 11 ans de réclusion criminelle.

Michel Legal, 11 ans de réclusion criminelle.

Marcel Lambert, 10 ans de réclusion criminelle. Il avait gagné un an pour m'avoir balancé, c'est certain, et il avait déjà purgé la moitié de sa peine.

Armand Zorelli, 5 ans de réclusion criminelle.

Guy Leroy, 5 ans de prison dont 2 avec sursis. Il s'en sortait libre. Lui aussi avait dû balancer pour s'en tirer de la sorte.

Épouse Legal, 3 ans de prison avec sursis.

Évelyne Segard, 4 ans de prison.

Vingt-cinq ans de réclusion criminelle.

Si je comptais bien, j'étais donc condamné, en tout, à vingt-cinq ans de prison. Si tout allait bien, étant donné que j'étais incarcéré depuis 1969, je sortirais en 1994. J'aurais 53 ans. Avant cela, il me faudrait endurer vingt-cinq ans d'emprisonnement. Dans les conditions dans lesquelles j'étais incarcéré à Fleury-Mérogis, cela me paraissait insurmontable.

Avant que nous ayons quitté le banc des accusés, deux nouvelles tombèrent.

Une bonne.

Une mauvaise.

Le juge ajouta que puisque je n'étais pas condamné à la perpétuité, ma peine totale pour les deux condamnations ne pouvait excéder la durée de la peine de sûreté fixée à vingt ans. Aussi, si je me tenais tranquille, je serais probablement dehors en 1989. J'aurais 48 ans. Je venais de gagner cinq ans.

Puis il précisa que compte tenu de ma dangerosité et de mon attrait certain pour l'évasion, ce que les événements des derniers mois corroboraient, je purgerais ma peine en quartier de haute sécurité. Donc à l'isolement. Jusqu'à nouvel ordre.

L'abîme venait en quelques secondes de se refermer sur moi.

16

QHS

Au printemps 1975, année de ma seconde condamnation, il flottait un parfum de réforme sur la France. Notamment de réforme pénitentiaire. Jean Lecanuet, alors garde des Sceaux, voyait dans la création des quartiers de haute sécurité, un environnement carcéral incluant l'isolement, une manière de contenir les détenus les plus dangereux ou présentant un fort risque d'évasion. Je ne peux nier que je faisais probablement partie de la seconde catégorie. Je ne me suis jamais considéré comme dangereux, mais après tout, l'image que je renvoyais en donnait peut-être l'impression. J'étais en revanche un candidat solide pour l'évasion. J'étais à peine condamné cette deuxième fois que le décret du 23 mai 1975 entrait en vigueur entérinait la création des quartiers de sécurité renforcée, nom officiel des quartiers de haute sécurité (QHS). J'en étrennai donc le fonctionnement.

La vie en QHS était simple : l'isolement vingt-quatre heures sur vingt-quatre. Quel que soit le moment de la journée, en cellule ou en promenade une heure par jour, le détenu était seul. Livré à ses pensées, à ses tourments, à ses démons, sans aucun contact avec qui que ce soit d'autre que le maton chargé d'ouvrir et refermer la porte de sa cellule, et son avocat. En l'occurrence, j'étais condamné, mon conseil ne me rendrait donc plus visite aussi souvent. Il n'y avait pas beaucoup de raisons pour que l'on se voie toutes les semaines. Aucun échange avec les autres détenus n'était possible. En QHS, le temps s'arrêtait. Le monde tournait, la vie continuait, on entendait le cœur de la prison battre, mais l'on n'en faisait plus partie. Sincèrement, y avait-il meilleur moyen de rendre un fou encore plus fou, un homme dangereux encore plus dangereux, un dépressif encore plus désespéré que de l'enfermer dans six mètres carrés, vingt-trois heures sur vingt-quatre, et de le priver de tout contact avec qui que ce soit ?

Je ne le crois pas.

Si les hommes politiques avaient pensé que les quartiers de sécurité renforcée feraient rentrer dans le droit chemin les condamnés les plus dangereux de France, ils s'étaient trompés. Il n'existe pas meilleure manière d'attiser la colère, la folie, le désespoir qu'enterrer quelqu'un vivant. Car c'était bien de ça qu'il s'agissait : isoler quelqu'un de toute vie jusqu'à ce qu'il soit oublié. Il n'avait alors rien d'autre à faire que de chercher le moyen de trouver de l'oxygène, de la lumière.

Le QHS, c'était l'éradication pure et simple de l'individu, l'annulation complète de son existence. Un détenu en QHS était oublié de la communauté tout entière, à commencer par celle de la prison. Il était enfermé, comme si l'administration attendait qu'il pourrisse et finisse par mourir à l'isolement.

Bon débarras pour la société.

Je n'ai pas connu un détenu qui se soit résigné au QHS. Au contraire, une fois le choc de l'enfermement et de l'isolement passé, tous ne voyaient qu'une possibilité d'y survivre : lutter, se rebeller, manigancer des tentatives d'évasion, risquer sa vie pour reprendre une petite place dans une société qui vous avait oublié.

Devant un si bel avenir, j'avais deux possibilités : la tentative d'évasion et la grève de la faim. J'usai de cette seconde stratégie à chaque fois que mon Évelyne fut transférée, car nous n'avions pas passé un jour de nos peines respectives dans la même prison. Quand j'étais à Paris, elle était à Rennes. Quand j'étais à Bourgoin-Jallieu, elle était à Paris… Non contente de me priver de compagnie, l'administration rendait ainsi les rencontres avec mon épouse plus difficiles, une autre manière de nous priver d'un droit, d'un petit espace de liberté. Pourtant, nous avions le droit de nous rencontrer, mais tout était entrepris pour que cela soit compliqué.

Pour ma première grève de la faim, je me privai de toute alimentation durant quarante-cinq jours. J'étais emprisonné à Fleury-Mérogis, c'était mon unique moyen de faire pression sur le juge pour qu'il m'autorise des visites. Depuis ma dernière condamnation, je n'en avais eu aucune, ni de ma sœur, la seule de la famille à venir me voir, ni d'Évelyne. Cette situation me pesait, les demandes de mon avocat restaient sans réponse. Je décidai donc un jour de prendre le taureau par les cornes et de cesser de manger. Au début, les matons n'y prêtèrent pas attention. Je n'étais ni le premier, ni le dernier à considérer que tous les moyens étaient bons pour attirer l'attention. Ils ne devaient pas s'attendre à autant de détermination de ma part.

Au bout d'une dizaine de jours cependant, j'avais perdu cinq ou six kilos, l'on commença à me demander de cesser mes âneries.

Trois semaines. Le directeur de la prison fit remonter son inquiétude au parquet.

Quatre semaines. Le juge considéra que je finirais par céder.

Cinq semaines. J'avais perdu quinze kilos, mon avocat plaida la non-assistance à personne en danger pour que le juge autorise enfin ce parloir.

Six semaines, je fus transporté à l'hôpital de la prison de Fresnes pour être perfusé, je tenais à peine debout. J'eus enfin le droit à une visite d'Évelyne. J'avais risqué ma vie et mis ma santé en danger pour une heure de parloir !

Je remis ça quelques années plus tard, lorsque j'appris le transfert d'Évelyne à la prison centrale de Rennes, à des heures de route de moi. Déjà que les visites étaient rares quand nous étions à quelques dizaines de kilomètres l'un de l'autre, je savais que cet éloignement n'était pas de bon augure. Cela signifiait que nous ne nous verrions pas une fois par mois, et qu'elle voyagerait en fourgon pénitentiaire durant au moins quatre ou cinq heures, lequel serait escorté de motards, tout cela pour que nous puissions passer une heure ensemble. Car c'était Évelyne qui ferait le trajet, jamais moi. Un détenu en QHS ne voyage pas.

Trop risqué pour l'administration.

Trop tentant pour le détenu.

Trop belle aubaine pour les complices.

J'aurais aimé que nous soyons tous les deux incarcérés à Fleury-Mérogis, mais ça ne marchait pas comme ça. Un détenu de mon espèce, capable de tout, notamment de se faire la belle, on ne l'écoute pas, on ne lui donne pas la parole, il n'a plus aucun droit, il ne peut que subir la situation. Mon seul moyen d'être entendu était de ne plus m'alimenter. Je le savais, ces parties de chantage n'étaient pas sans conséquences sur mon organisme, il m'avait fallu des semaines pour me remettre de mes quarante-cinq jours de privation la fois précédente. Surtout, je savais que j'entamais une partie de bras de fer encore plus féroce. Les magistrats me savaient capable de ne pas manger durant quarante-cinq jours. Tel était donc le délai qu'ils laisseraient passer sans rien faire, histoire de voir jusqu'où j'étais capable d'aller. Je le savais, je m'engageais dans un bras de fer musclé. Les quatre premières semaines passèrent sans que j'en garde un souvenir difficile. Devant ma détermination, l'administration pénitentiaire eut la bonne idée de m'envoyer à l'infirmerie après ce premier mois de grève de la faim. Là, je partageai un box avec un détenu auquel on prit garde de livrer des plateaux-repas appétissants, des en-cas, des goûters, et qui se nourrissait devant moi. Quand celui-ci fut guéri, un autre prit sa place et ce petit manège dura encore plusieurs jours sans que je flanche. Car je ne flancherais pas. C'était exclu. Cela ne faisait pas partie du plan.

Les quarante-cinq jours de grève de la faim passés, l'administration pénitentiaire changea de stratégie. Il ne fallait tout de même pas que le détenu meure en prison, après une grève de la faim, parce qu'on refusait de rapprocher son épouse de son lieu de détention ! Je fus donc à nouveau envoyé à l'hôpital de Fresnes. L'objectif n'était certainement pas de prendre soin de moi, mais bien de faire en sorte que l'administration ne soit pas rendue responsable de ma mort, si j'allais au bout de mon projet. Je fus hospitalisé dans une chambre, enfermé à double tour, mais je n'étais de toute façon plus en état de m'évader. On me perfusa, on continua à me présenter des plateaux auxquels je ne touchai pas. Inquiet, mon avocat essaya de me faire flancher mais rien n'y fit.

En dernier recours, on m'envoya un prêtre. Je crus au début qu'il venait me donner l'extrême-onction. Je n'étais certes pas très en forme, mais je ne me sentais pas au bout de ma vie. En réalité, ce prêtre venait m'aider à libérer ma conscience, à livrer mes pensées, et à passer le temps. Pour autant, le temps, justement, ne me paraissait pas long, je dormais les trois quarts de la journée. Mon corps était à bout, j'avais perdu plus de vingt kilos, je n'avais plus que la peau sur les os, je me tenais aux murs pour me déplacer, j'avais vieilli d'au moins trente ans en un mois ! Après la petite prière d'usage, l'homme d'Église tentait une petite conversation, il essayait aussi de me faire entendre raison, puis devant mon épuisement, il décidait souvent de me faire la lecture. Il sortait alors *Le Pèlerin* de sa serviette et entreprenait de me lire les recettes de cuisine. Hachis parmentier, bœuf bourguignon, petit salé aux lentilles, blanquette de veau… tout y passait. Il agrémentait sa lecture de commentaires bien sentis, me faisait remarquer que sa mère ajoutait une pointe de crème ici, un petit centilitre de vinaigre balsamique là. Il précisait comment relever telle saveur, comment au contraire adoucir un plat. Ce prêtre était un sacré gourmet… et un vrai manipulateur !

Tout fut bon pour que je craque, mais je crois bien qu'arrivé à ce stade de dénutrition, même l'esprit m'avait abandonné, et ce n'est pas le glucose et les vitamines que l'on m'injectait qui m'aidèrent à y voir plus clair.

Cinquante-huit jours.

Je tins cinquante-huit jours et me délestai au passage de vingt-sept kilos.

J'étais à deux doigts du coma lorsque l'on m'apprit qu'Évelyne ne serait pas rapprochée de mon lieu d'incarcération, mais qu'elle me rendrait visite une fois par mois, où que je sois. Je n'avais pas gagné la guerre, mais j'avais remporté cette bataille. La décision du parquet fut entérinée. Je restai quelques semaines à l'hôpital, le temps de me refaire une santé, à coups de suppléments protéinés. Mais je me tenais encore aux barreaux et aux murs pour me déplacer lorsque je rejoignis la prison et pus me rendre au parloir pour la première fois après cette grève de la faim, pour retrouver Évelyne. Elle eut de la peine à me reconnaître, m'assura qu'elle ne supporterait pas de me perdre, me répéta que nous devions être forts tous les deux pour être certains de nous retrouver dans… quinze ans. Il lui restait cinq ans à purger, après quoi elle serait libre de venir me voir autant qu'elle le voudrait. Je devais donc tenir. Je n'avais pas le choix.

Tenir, et réfléchir tout de même aux moyens de me sortir tout seul de ce guêpier. Une fois mes esprits retrouvés et mon corps rassasié, je me rendis compte que ma détermination n'avait fait qu'enfler. Plus on me mettait à l'épreuve, et plus ma rage montait. La détention en quartier de haute sécurité avait ceci de terrible qu'elle transformait les détenus en bêtes féroces. Les conditions de vie dans ces circonstances échappaient à tout contrôle des juges d'application des peines. Faute de mourir physiquement de ma grève de la faim, j'étais mort affectivement. Je n'avais plus aucune compassion pour qui que ce soit. Je pensais que la prison était uniquement une privation de liberté. Le QHS était une privation d'exister, tout simplement.

17

La grande armée du drapeau noir

En 1976, j'étais incarcéré à Lisieux, toujours en quartier de sécurité renforcée. La prison était hébergée dans une vieille abbaye qui avait été sécurisée. Seule une cinquantaine de détenus y étaient accueillis au maximum pour purger leur peine, ou tout du moins une partie de celle-ci. Au moment où j'entrai à Lisieux, nous n'étions que trois pensionnaires à la dangerosité avérée : Carman Rives, condamné à perpétuité, Daniel Debrielle, condamné pour des vols, et moi. Ce quartier de sécurité renforcée était certainement le moins extrême de ceux que j'avais connus. J'ignore la raison pour laquelle nous n'étions que trois, mais le fait est qu'il y avait plus de personnes libres que de détenus dans cet espace vétuste. Si nous passions le plus clair de notre temps enfermés dans notre cellule, nous avions accès à l'atelier. Autrefois, les détenus travaillaient le cuir, dans un atelier étroit, doté d'une fenêtre munie de barreaux, qui donnait sur la cour. On y accédait par une coursive grillagée, fermée à chaque bout. C'était rare, mais quand ça arrivait, aucun de nous trois, qui vivions la plupart du temps enfermés dans notre cellule, ne refusait de passer quelques heures à travailler. Ce n'était pas le sentiment d'être redevenus utiles qui nous animait, mais l'opportunité de voir d'autres visages, de parler à quelqu'un, de savoir avec qui nous étions détenus, de retrouver un semblant de lien social. Même les hommes les plus dangereux ont besoin de ce lien pour se sentir vivants. Nous n'avions tout de même pas accès aux établis. D'ailleurs, les outils tranchants qui servaient autrefois à travailler le cuir avaient été rangés. Notre mission consistait en tâches annexes, comme le raccommodage de sacs ou le tri des pièces qui quittaient les ateliers.

Nous nous retrouvions là épisodiquement, pour quelques heures, à repriser des sacs de toile, et, bien que nous fussions surveillés de près, c'est certainement au cours de ces brèves rencontres que naquit dans chacune de nos trois têtes l'idée de nous enfuir. Chacun de nous avait certainement prémédité ce qui se passerait, mais aucun n'en avait fait part aux autres.

De mon côté, je recevais de temps à autre la visite de ma sœur Colette et d'un ami. En faisant passer des lettres par mon avocat, j'avais fait savoir que j'aurais bien besoin d'une lame de scie à métaux ou deux. Il n'y avait pas d'autre possibilité pour s'évader : scier les barreaux. La lame constituait l'outil de base. Lors d'une visite, mon ami m'apporta de la lecture. Cela n'étonnait personne. Les livres étaient à peu près tout ce qui nous restait quand nous avions fait nos cent pompes et notre heure de promenade. Les matons les laissaient passer, après s'être assurés qu'ils n'étaient pas découpés en leur centre pour y cacher une arme. En l'occurrence, celui qui inspecta cette magnifique édition reliée en cuir de *La Grande Armée du drapeau noir*[1] dut se demander quel intérêt je trouvais à cette lecture.

Je retournai dans ma cellule et, plutôt que de me lancer dans la lecture de l'épopée des anarchistes à travers le monde au XXe siècle, j'entrepris de découper minutieusement la reliure de cuir. À l'arrière de la couverture, sous le contreplat cartonné, une première scie à métaux très fine avait été glissée au milieu d'une feuille canson épaisse dans laquelle l'empreinte de l'outil avait été découpée. Aucun moyen de sentir sa présence au toucher. C'était un vrai travail d'orfèvre et j'étais convaincu que pour réussir une telle prouesse, mon ami s'était adjoint les services d'un relieur professionnel. Je découpai méthodiquement le dos cartonné du livre et découvris une seconde lame, dissimulée dans des conditions analogues. Je tenais le début de ma fuite.

Le 5 juillet 1976, peu avant midi, nous étions tous trois installés à repriser les sacs dans cet atelier.

---

1. De Georges Blond. Le livre raconte l'histoire des mouvements anarchistes à travers le monde.

La seule pointure avec lequel mes exploits rivalisaient était Carman Rives, lui aussi détenu en quartier de haute sécurité. Il avait pris perpète, mais j'en ignorais la raison, ça ne me regardait pas. Daniel Debrielle avait été condamné à des peines un peu moins lourdes pour vols qualifiés ou attaques à main armée. Il n'était pas sous surveillance renforcée. Je portai contre ma peau les deux petites scies que j'avais scotchées avec du sparadrap et je comptais bien occuper chaque minute sans surveillance à limer les barreaux de ma fenêtre. J'étais convaincu que les deux autres ne diraient rien. Au mieux, ils s'échapperaient avec moi, au pire, ils ne fuiraient pas par manque de courage, mais aucun détenu n'empêchait un autre de s'enfuir, de tenter sa chance, de jouer son va-tout.

Carman Rives avait-il lu dans mes pensées ? Je n'en sus jamais rien. Toujours est-il que lorsqu'il fut l'heure de nous ramener en cellule, plutôt que de rendre sagement la petite paire de ciseaux dont il s'était servi durant ces quelques heures, il attrapa le maton qui franchissait le seuil de l'atelier en premier, lui planta la lame contre la carotide et le poussa à l'extérieur de l'atelier. Les deux gardiens qui suivaient rebroussèrent chemin, parcoururent en courant la coursive et refermèrent les portes derrière eux. Nous étions donc quatre dans cet espace réduit, avec la coursive à parcourir pour nous évader. Nous aurions bien voulu nous emparer des armes des matons, mais nous n'en eûmes pas le temps. Nous nous retrouvâmes pris au piège entre cet atelier et la coursive. Les hurlements du gardien, qui avait été blessé à l'abdomen dans la foulée, attirèrent l'attention des autres surveillants. Nous exigeâmes que le directeur vienne à notre rencontre et nous attendîmes que l'on demande quelles étaient nos revendications. Avant de saisir les forces de l'ordre, M. Muller, le directeur que nous appelions affectueusement Mumu, avait bien tenté de nous ramener à la raison. Mais nous avions un blessé et fîmes savoir que nous n'étions pas à un mort près. Nous pouvions à tout moment nous retrancher dans l'atelier. Si la direction ne voulait pas que cette prise d'otages finisse dans un bain de sang, elle devait nous fournir une voiture et de l'argent.

Un million de francs.

Rien de moins.

Ce dont nous avions eu vent depuis les cellules dans lesquelles nous étions enfermés depuis des années, mais dont nous n'avions jamais pris la mesure, c'est la force de frappe du GIGN, nouvelle force armée de l'État, qui avait vu le jour en 1974.

Le Groupe d'intervention de la gendarmerie nationale, unité d'élite, intervenait dans les situations de crise. L'organisation de ce groupe était encore balbutiante, mais la réputation du commandant Prouteau n'était plus à faire. Il avait certes peu de moyens, mais ceux dont il disposait étaient nouveaux, et ses troupes étaient surentraînées à toutes les méthodes de combat et de négociation. Ce GIGN, c'était un corps d'élite composé de militaires difficilement impressionnables. Il était déjà intervenu pour faire cesser des mutineries de prisonniers à Fleury-Mérogis, à Clairvaux, à Fresnes ou à Caen courant 1974. Depuis plusieurs années, la rébellion grondait dans les prisons. C'était le seul moyen pour les détenus de faire entendre au monde les conditions dans lesquelles ils étaient enfermés et de s'élever contre la détention en quartier de haute sécurité.

Vers 14 heures, lorsque le GIGN pénétra dans la cour de la prison de Lisieux, notre otage était assis sur la coursive, et semblait survivre à sa blessure. Cependant, le directeur avait informé les gendarmes de notre dangerosité, étant donné que nous avions blessé un surveillant.

Une voiture.

Un million d'euros.

Nous n'en démordions pas et nous eûmes même le privilège d'émettre notre demande en direct face au préfet Mestre, en précisant que nous n'hésiterions pas à découper notre otage. La négociation dura de longues heures, au cours de laquelle on nous promit que la voiture arrivait, que tout était fait pour réunir le million demandé. Nous échangions avec les forces de l'ordre au travers d'un judas dans la porte blindée qui fermait la coursive, lequel permettait de passer les mains des détenus pour les menotter. Il ne laissait pas voir la totalité du couloir. Aussi, nous avions retranché notre otage contre le mur, là où il ne pouvait être vu. Nous maintenions la pression en menaçant de découper une oreille. Un doigt. Un orteil. C'était au choix. Le silence régnait dans l'établissement où, depuis plusieurs heures maintenant, tous les surveillants disponibles avaient été rassemblés du côté des forces de l'ordre.

En cette fin d'après-midi, Prouteau dégaina une arme massive : le gaz paralysant. La première tentative fut un échec : le commandant en prit plein les mirettes et fut lui-même incapable de réaction durant de longues minutes. Une demi-heure plus tard, la seconde tentative fut la bonne. Un tuyau fut glissé dans le judas et trois kilos de gaz, aussitôt envoyés dans la coursive close dans laquelle nous étions reclus. Nous fûmes aussitôt paralysés, incapables de quelque geste que ce soit. La lourde porte blindée s'ouvrit, laissant place aux hommes du GIGN tout de noir vêtus, arborant des masques de protection, et nous fûmes aussitôt évacués. Le maton blessé fut pris en charge, ses jours n'étaient pas en danger. Chacun de nous fut renvoyé au mitard, en attendant son transfert prochain. C'est ainsi que Carman Rives fut renvoyé à la Santé et que j'échouai à Châteauroux. Je le savais, avec cette nouvelle tentative d'évasion avortée, je serais inculpé de séquestration de personnes, violences à citoyen chargé d'un ministère public et tentative d'évasion. Ce n'était pas une paille.

Le 29 mars 1978, je comparus donc une troisième fois aux assises de Paris, en compagnie de mes deux compagnons d'infortune. Maître Déodato s'était de nouveau chargé de ma défense et notre ligne était simple : démontrer que les quartiers de haute sécurité rendent les détenus encore plus dangereux. Nos avocats avaient l'intention de profiter de cette tribune pour dénoncer nos conditions d'enfermement et démontrer que c'est l'inhumanité avec laquelle l'administration pénitentiaire nous traitait qui avait fait de nous des hommes prêts à tout pour retrouver un semblant d'existence. Il faut dire que trois mois plus tôt à peine, début janvier 1978, quelques détenus de renom avaient adressé une lettre ouverte à la presse, dans laquelle ils avaient indiqué entamer une grève de la faim, le 9 janvier 1978, pour dénoncer ce qu'ils appelaient les « quartiers d'extermination ». Parmi les signataires de ce manifeste pour le droit de purger une peine de prison dans la dignité, comptaient notamment Daniel Debrielle, mon compagnon d'infortune, Roger Knobelspiess[1], François Besse, alors détenu à la Santé avec l'illustre Jacques Mesrine, à l'initiative de ce mouvement. À différentes reprises, le Comité d'action des prisonniers (CAP) et différentes associations avaient attiré l'attention sur ce régime pénitentiaire accusé par Mesrine de « fabriquer des fauves ». Au moment où le CAP s'était intéressé à cette situation, en 1977, nous étions quarante-six détenus à purger une peine en QHS, à Bourgoin-Jallieu, Briey, Évreux, Lisieux, Mende, Tarbes ou Tulle.

1. Malfaiteur français, condamné en 1972 à quinze ans pour vol à main armée. Il ne réintègre pas la prison après une permission en 1976. Condamné à différentes reprises, il publie en 1980 « QHS. Quartier haute sécurité », un texte qui pousse le gouvernement à fermer ces quartiers. Il meurt en 2017, à l'âge de 79 ans.

Et puis, nous avions un autre porte-parole très en vue, en la personne de Charlie Bauer, mon vieil ami, qui avait bénéficié d'une libération conditionnelle en février 1977 et qui depuis, n'avait eu de cesse de plaider sur tous les plateaux de télévision de France pour l'amélioration des conditions d'incarcération des détenus, et la fin des quartiers de haute sécurité.

Puisque le mouvement était en marche, et puisque l'un des trois prévenus de ce procès avait signé cette lettre et menacé d'engager une grève de la faim, nos avocats respectifs avaient dans l'idée de surfer sur la vague. Finalement, le procès s'empêtra dans une bataille de procédure. En effet, alors que les jurés furent tirés au sort, le CAP leur adressa personnellement la lettre rédigée par les détenus en janvier, un tract fort persuasif, et une invitation à une conférence de presse. Le CAP concluait sa missive par une mention toute personnelle : « Juger, c'est avant tout comprendre, savoir excuser[1]. » Ce ne fut pas du goût de tout le monde, surtout pas de l'avocat général qui rappela dans son réquisitoire que l'on avait tenté de détourner ce procès de son objet initial : il ne s'agissait pas du procès de l'administration pénitentiaire, mais de celui de trois détenus qui avaient pris en otage un surveillant, qu'ils avaient blessé au passage, et avaient tenté de s'évader. Nos avocats avaient demandé la comparution de Jacques Mesrine en tant que témoin, mais évidemment, la cour rejeta

1. *Le Monde*, « Aux assises de Paris, le procès avorté des quartiers de haute sécurité », 31 mars 1978.

cette demande pour des raisons de sécurité publique. En dernier recours, Maître Déodato demanda à la cour de visiter un quartier de haute sécurité, en région parisienne, voire à Lisieux, histoire de bien mesurer l'exiguïté de la cellule, la claustration, la privation complète de contacts. Il ajouta que c'est à ces conditions inhumaines d'enfermement que l'on devait la folie qui guidait les détenus dans toutes leurs tentatives d'évasion, les risques qu'encouraient surveillants et personnels.

Rien n'y fit.

Nous fûmes tous les trois condamnés à des peines de cinq à sept ans de prison, lesquelles furent commuées avec nos peines déjà en cours. Ces peines n'aggravèrent donc pas la sentence, mais vinrent alourdir le cahier des charges et notre casier judiciaire.

Carman Rives rentra à la Santé avec Debrielle, je retournai à Châteauroux. De cette prison, alors que mes conditions d'incarcération ne s'étaient pas améliorées, j'appris la mort, le 8 mai 1978, de Carman Rives. Son nom entra dans l'histoire pour s'être fait la belle de la Santé, en compagnie de Jacques Mesrine et François Besse.

Ce lundi 8 mai, alors qu'ils étaient tous les trois en promenade, Jacques Mesrine avait été appelé au parloir. Les deux autres avaient demandé à regagner leur cellule. En visite avec l'un de ses avocats, Jacques Mesrine avait voulu être raccompagné à la sienne pour y prendre un important dossier. Le surveillant qui avait ouvert la porte avait été accueilli par Besse, armé de bombes lacrymogènes, qui en avait aspergé le malheureux. Puis Besse et Mesrine avaient enfermé une dizaine de surveillants, emprunté leurs tenues, libéré Carman Rives et tous trois avaient pris la direction d'une cour alors en travaux. Ils avaient dressé une échelle contre le mur et entamé leur ascension vers la liberté. L'alerte avait été donnée, et alors que Carman Rives arrivait en haut du mur, un gardien lui avait tiré dessus, le touchant mortellement. Les deux autres étaient parvenus à s'échapper. François Besse n'en était pas à son coup d'essai, il s'était déjà fait la belle en 1975 de la prison de Fresnes. En tout cas, cette évasion sonna la fin de la condamnation à perpétuité de Carman Rives, qui n'avait pas trente ans quand il fut abattu.

18

19 ans et 8 mois

L'évasion de Jacques Mesrine et François Besse fit grand bruit. Elle raviva la portée de la diatribe adressée à la presse en janvier, et remit l'accent sur le dernier procès d'assises de Paris et les plaidoiries de nos avocats. Il fallut cependant encore quelques années avant que les choses changent. C'est Robert Badinter qui eut le fin mot de l'histoire. Garde des Sceaux depuis l'élection de François Mitterrand en 1981, il mena deux grands chantiers dès le début de sa carrière politique : l'abolition de la peine de mort et la fin des QHS. Il jugeait, à juste titre, ces conditions d'incarcération inhumaines et de nature à broyer les hommes. La circulaire de février 1982 mit donc fin à l'incarcération en quartier de sécurité renforcée. Elle n'en signa pas la fin, il restait les mitards, dans lesquels les prisonniers étaient isolés quelques jours, quelques semaines, quelques mois, en fonction du délit commis durant l'incarcération. Mais les autres, même ceux jugés les plus dangereux, recouvrèrent des conditions de vie un peu plus humaines. Si nous restions isolés dans nos cellules, nous retrouvions le droit de promenade et la possibilité de travailler quelques heures par semaine. Mais pour cela, encore fallait-il se faire sa place, ce qui n'était pas chose facile étant donné que j'étais déplacé régulièrement. Les déménagements de prisonniers avaient pour avantage que l'on avait peu de temps pour s'habituer à l'environnement. Voilà qui était certainement le meilleur moyen de s'assurer que nous n'avions pas le temps d'échafauder un plan d'évasion. L'inconvénient résidait dans les rencontres que nous faisions. Partout où je passais, je finissais par rencontrer les pointures du grand banditisme et tout ce que la France recélait de mauvaise graine, qui pourrissait dans ces prisons miteuses.

Les conditions d'incarcération s'amélioraient doucement, pour autant, je conservais une forme de colère, une impossibilité de renoncer, une envie folle d'échapper au système. Par principe plus que par réelle envie. Je ne pouvais pas me résoudre à ne rien tenter. Pourtant, ma peine avançait, j'en avais déjà purgé plus de la moitié et mon Évelyne avait été libérée en 1980. Elle avait retrouvé sa Normandie natale et s'était installée chez sa sœur Bernadette, à Veules-les-Roses. Là, après s'être refait une santé, elle avait fini par trouver un petit boulot. Rien de bien folichon, un peu de ménage par-ci, serveuse par-là, il fallait qu'elle s'occupe le temps que je sois libéré.

En 1982, incarcéré à Châteauroux, je m'associai à la mutinerie organisée par des prisonniers du Front de libération nationale corse (FLNC). Ces gars qui prônaient l'indépendance de leur île et commettaient des attentats étaient, lorsqu'ils étaient pris, enfermés sur le continent. Eux n'avaient peur de rien et comptaient sur l'effet de masse. Je fus donc de la mutinerie qui éclata au beau milieu de la cour. Le directeur finit enfermé dans une cellule, la police fut appelée, des cars de policiers, dépêchés dans la prison. Des colonnes de flics envahirent nos couloirs pour ramener tout le monde au calme. La mutinerie ne dura pas bien longtemps, une heure tout au plus, avant que le calme revienne, que chaque détenu soit menotté des pieds et des mains, assis sous la pluie, surveillé par des flics pointant leurs armes sur le troupeau que nous formions.

Une fois le calme établi, chacun fut ramené dans sa geôle, privé de promenade jusqu'à nouvel ordre. Cette petite indiscipline se solda par mon transfert à Nevers, où je resterais deux mois au mitard. Certains diront que ce n'était pas le QHS. Certes. Ça en avait en tout cas l'odeur et la saveur, une forme de torture de plus. Non content d'être enfermé des jours seul, à l'isolement, le détenu au mitard subissait en général une privation de sommeil, les lumières se rallumaient au beau milieu de la nuit, les matons passaient dans les couloirs et tapaient sur les portes avec leur matraque pour les sortir de la léthargie. Puis le calme revenait, la lumière s'éteignait à nouveau, pour quelques heures. Cela durait des jours et des nuits.

Après une bonne année d'incarcération, j'entamai ma troisième grève de la faim. Les surveillants avaient profité de la promenade pour fouiller les cellules. J'avais retrouvé mon espace sens dessus dessous. J'étais entré dans une rage folle. Je m'étais senti agressé par ce comportement. Cette manière de faire était une preuve supplémentaire, s'il en fallait, que nous n'étions pas respectés, que nous avions perdu tout droit à l'attention. Cela me révoltait. Pourquoi cette fois plus qu'une autre ? Je l'ignore. Ce jour-là, j'en eus marre de me sentir à leur merci, sans jamais avoir mon mot à dire. Fou de colère, j'exigeai que l'on rangeât mes effets comme on les avait trouvés.

Il va sans dire que je ne reçus aucune excuse et qu'aucun maton ne vint replier mon linge. Ma colère fut telle que j'écopai une nouvelle fois de quelques jours de mitard, durant lesquels je refusai de m'alimenter, espérant ainsi raccourcir la sentence. Encore une fois, j'aimais mieux souffrir que plier. D'ailleurs, tout étant question de mental, j'étais convaincu que l'administration céderait avant moi. Ce fut le cas, je rejoignis ma cellule et mes codétenus après dix jours de mitard, la faim me broyant les entrailles.

Deux ans plus tard, je fus transféré sans grande raison à Caen. Il n'y avait pas besoin de raisons pour déplacer un détenu, c'était au gré des places qui se libéraient, ou lorsque l'administration trouvait que je prenais un peu trop mes aises. Chaque déménagement était suivi d'une période d'adaptation, de reconnaissance, durant laquelle je ne me faisais pas trop remarquer. Cela étant, pour une fois, ce transfert nous arrangeait bien, Évelyne et moi, car il nous rapprochait.

La fin de ma peine approchait. Je ne comptais pas encore les jours, mais j'étais passé largement sous la barre de cent mois restants. La détention à Caen avait une couleur à laquelle je n'avais encore jamais été confronté. Cette prison était le royaume de la prostitution. Ce sujet me choquait au plus haut point. Certains détenus étaient prêts à n'importe quoi pour s'acheter un peu de café ou du tabac. Je demandai à rester à l'isolement, parce que je ne supportais pas l'idée que mes codétenus se prostituent, et s'adonnent à leurs petites affaires dans la cellule. Je ne supportais pas que l'on me propose des faveurs, ni que l'on me tourne autour. Le ton montait souvent, et je n'hésitais pas à en venir aux mains pour que mes règles soient respectées. En même temps, l'administration ne pouvait pas vraiment me donner tort, elle n'avait aucun moyen de lutter contre ce fléau entre ses propres murs. J'avais dépassé les quinze ans de détention, je commençais à m'assagir et depuis la mutinerie de Châteauroux des années auparavant, je n'avais plus fait parler de moi. Je plaidais régulièrement ma cause auprès du directeur, afin qu'il signe mon transfert. Je finis par être entendu après plusieurs mois de lutte, et fus transféré à la centrale de Poissy.

Grâce à nos économies, à l'argent que nous avions dérobé des années auparavant, Évelyne était partie s'installer dans l'Aveyron où elle avait, avec mon accord, acheté le bar du Musée, à Aubin. Là, elle retrouvait un semblant de vie normale, reprenait des habitudes, renouait des relations. Elle ne faisait pas cas de son passé. Elle servait des coups à boire aux agriculteurs du coin, vendait des cigarettes, et préparait le nid où je la rejoindrais trois ans plus tard. Une fois par mois, elle faisait le trajet pour me rendre visite là où j'étais. Il lui était bien plus facile de venir en région parisienne qu'au fin fond de la Normandie. J'imagine qu'elle avait trouvé la paix, le réconfort d'un climat doux, le calme d'un petit bourg où personne ne la connaissait et ne la jugerait à nouveau.

À moins de six mois de ma libération, je retrouvai Fleury-Mérogis. Toutes mes demandes de libération conditionnelle avaient été rejetées, mon avocat me sommait de me tenir tranquille, de ne plus faire de vagues. J'étais emprisonné depuis dix-neuf ans, il serait vraiment dommage de rallonger ma peine, alors que je voyais enfin le bout de ce tunnel. Il avait raison. Je pensais à Évelyne, au soleil de l'Aveyron, à cette nouvelle vie qui m'attendait à la campagne. Ma sortie était fixée au 25 juillet 1989.

19 ans et 8 mois, après mon incarcération.

N'allez surtout pas croire que l'administration judiciaire me faisait cadeau des quatre mois restants. Si je sortais au beau milieu de l'été, avec quatre mois d'avance, j'écopais de dix-huit mois de liberté conditionnelle, avec obligation de pointer chaque mois en gendarmerie, une obligation à laquelle j'allais très vite trouver un petit arrangement. Comme la plupart des détenus à ce niveau de leur peine, j'eus droit, un mois avant ma sortie, à une permission.

Ce jour de juin était presque irréel pour moi. J'étais penaud, planté devant la porte de la prison, lorsque le lourd portail d'acier se referma dans mon dos.

Désemparé.

Perdu.

Il faisait beau. On a beau dire, l'air que l'on respire à l'extérieur n'est pas le même. Cet air-là a le goût de la liberté, le parfum des arbres en fleurs, le rythme d'un cœur qui bat, le son de la vie. D'un seul coup, j'étais dehors, livré à moi-même, sans entrave, et alors que j'avais envie de mille choses, c'est comme si mon temps à moi s'arrêtait à nouveau. Il me fallut plusieurs longues minutes avant de voir Évelyne qui m'attendait sur le parking.

Près d'elle se tenait un grand type brun aux cheveux mi-longs, doté d'une moustache qui lui cisaillait le visage. Ému, je reconnus mon vieil ami Charlie Bauer. Lui, que je n'avais pas revu depuis au moins vingt-cinq ans, dont j'avais lu tous les livres et suivi toutes les actions dans la presse et à la télévision, lui qui était toujours un Robin des Bois des temps modernes, qui avait un temps été soupçonné à tort d'avoir été le complice de Jacques Mesrine, qui avait mené tant de combats, défendu tant de causes, il était là.

Juste pour moi.

Nos retrouvailles furent émouvantes. Bouleversantes, même. J'embrassai évidemment Évelyne, longuement, langoureusement. Je la serrai contre moi, comme si c'était la première fois. Je retrouvais mon petit moi, mon amour de toujours, et j'avais peur de la lâcher à nouveau. Puis, je me laissai emporter dans une étreinte puissante avec Charlie, de celles qui vous rassurent, vous disent que ça y est, vous tenez le bon bout, vous avez vaincu. Je ne savais pas trop si j'avais si bien vaincu que cela, j'avais surtout tenu, sans aggraver mon cas. C'était tout ce qui comptait. J'étais dehors pour une journée, et bientôt, une nouvelle vie s'offrirait à moi, faite de grand air, de calme, sans danger, sans lutte. C'était tout ce à quoi j'aspirais.

Nous filâmes dans un restaurant à Versailles, je devais être de retour pour 18 heures. Charlie me raconta son engagement dans un groupe antifasciste de réfugiés politiques d'Amérique latine, en compagnie de Pierre Goldman[1], comment il avait été blanchi dix ans plus tôt, alors qu'il était soupçonné de complicité dans l'enlèvement du milliardaire Henri Lelièvre, par Jacques Mesrine, tué la même année alors qu'il tentait d'échapper à la police. Il me narra ses vingt-cinq ans

1. Pierre Goldman est un journaliste et écrivain français. Auteur de différentes agressions à main armée et du meurtre de deux pharmaciennes en décembre 1969, il est condamné à la réclusion criminelle à perpétuité en 1974. Il est acquitté en 1976. Il meurt assassiné en 1979.

d'emprisonnement, dont neuf dans les quartiers de haute sécurité, et comment, finalement, il avait fait de ces années d'incarcération une école, en se formant, en passant une licence en psychologie, puis une autre en philosophie, ainsi qu'un doctorat en anthropologie sociale. C'est d'ailleurs en prison qu'il avait rencontré son épouse, Renée, professeur de philosophie. Je l'admirais. Moi, la prison ne m'avait rien appris, elle m'avait juste rendu patient.

À ma sortie un mois plus tard, le juge d'application des peines estima que mon cas était un échec pour l'administration pénitentiaire : je n'avais pas été brisé par ces dix-neuf ans et huit mois d'incarcération. En effet, mais j'étais sérieusement émoussé tout de même. J'avais 48 ans et tout à construire, sans avoir jamais travaillé de ma vie, ou si peu.

En cette fin juillet 1989, je retrouvai mon Évelyne, avec laquelle je fêtai nos noces d'argent. Vingt ans de mariage et si peu de temps partagé. Finalement, alors que je découvrais Aubin et l'Aveyron, nous formions un tout jeune couple, nous avions le reste de la vie devant nous pour la reprendre là où nous l'avions laissée le 9 novembre 1969.

19

Libre

Ce n'est pas rien, de retrouver la liberté.
Le monde avait tellement changé !

En vingt ans de prison, j'avais perdu de vue toutes les évolutions de la société, les grands changements du monde. Bien sûr, je lisais les journaux et regardais les informations à la télévision. Mais vivre en prison revient à vivre reclus, en marge de la société, à ne pas prendre part aux décisions.

C'est regarder le monde de loin.

Rester sur le banc de touche.

Depuis que j'avais été emprisonné en 1969, tous les foyers avaient été équipés d'un téléphone, certains avaient même des Minitel avec lesquels acheter des billets de train, contacter les renseignements, l'horloge parlante, passer des commandes dans les magasins de vente par correspondance. Une révolution ! Tous les foyers ou presque avaient une voiture, et elles n'avaient d'ailleurs plus rien à voir avec celles que nous volions pour nos braquages. La DS Citroën n'était plus commercialisée depuis 1975 et je n'avais jamais eu l'occasion de conduire sa remplaçante. Le choc pétrolier était passé par là, et j'avais vécu la fin des Trente Glorieuses en marge de la société. L'entrée des banques était équipée de sas, parfois même de la vidéosurveillance. D'ailleurs, le nombre de hold-up avait considérablement diminué. Je n'avais pas participé à l'élection de Valéry Giscard d'Estaing, ni à celle de François Mitterrand, élu en 1981 et réélu en 1988.

J'avais rejoint Évelyne dans l'Aveyron. Elle tenait le bar, tandis que j'avais été embauché comme bûcheron. J'appréciais la vie en plein air, toute la journée dans la forêt. Surtout, j'avais pu trouver un emploi, ce qui n'était pas chose aisée pour un ex-détenu. J'étais en liberté surveillée pour dix-huit mois, ce qui m'imposait d'aller pointer chaque mois à la gendarmerie, mais très vite, je fis savoir aux gendarmes où me trouver : mon épouse tenait le Musée, j'étais bûcheron. Si je n'étais pas derrière le bar, c'est que j'étais dans les bois. De temps à autre, ils passaient, pour s'assurer que j'étais là où j'avais dit que j'étais, que je me tenais à carreau, que je ne faisais pas de vagues. Et c'était le cas. Je ne peux pas dire que je m'étais acheté une conduite, j'aspirais juste au calme, à faire mon boulot, et à ne plus connaître de violence, quelle qu'elle soit, physique ou psychologique.

Finalement, ces dix-huit mois passèrent sans que je m'en rende compte. Assez vite, je constatai cependant que ma tendre Évelyne s'était laissé emporter par le démon de l'alcool. J'ignorais ce qui l'avait fait plonger.

La solitude après des années de promiscuité.

La colère après avoir été traitée comme un animal.

La rancœur après avoir passé une partie de sa vie enfermée.

L'ivresse la rendait irascible, coléreuse, jalouse. Sous l'emprise de l'alcool, toute la colère accumulée durant ces dix années d'enfermement s'exprimait. Bien que menue et de petite taille, elle était douée d'une force incroyable et capable de perdre ses moyens. Elle m'avait raconté les bagarres entre détenues, comment elle se défendait, comment elle avait trouvé le moyen de se faire respecter. Elle m'avait raconté les coups de poing à vous broyer les entrailles, les gifles à déstabiliser le plus costaud des hommes, les poignées de cheveux arrachés, les injures et les crachats au visage. Elle m'avait raconté toute cette violence qu'elle avait à la fois subie et nourrie. C'est cette colère-là qui s'exprimait quand elle buvait à en perdre l'équilibre et la raison.

Je découvris alors une femme que je ne connaissais pas. Poussé dans ses retranchements, en proie à la peur, l'homme redevient un animal, sauvage parfois, et tous les moyens sont alors bons pour se protéger, y compris laisser jaillir cette rage incandescente.

Le risque cependant, c'est qu'une fois que l'on a eu accès à cette part de soi, que l'on a lâché prise, il est très difficile de contrôler la bête qui sommeille en soi, voire de la refouler. Lorsqu'elle buvait, Évelyne redevenait cette sauvageonne à laquelle elle avait parfois laissé place en prison. Certains ont l'alcool gai. Elle, l'alcool la rendait incontrôlable, voire dangereuse.

Assez rapidement, je décidai d'assurer moi-même la fermeture du bar. Je ne voulais plus qu'elle traîne derrière le comptoir, avec les piliers accrochés à leur tabouret et à leur bière, qu'elle se laisse entraîner dans une consommation excessive, pensant que ça la désinhibait, que ça la rendait sympathique et drôle, alors que c'était précisément le contraire. Elle n'avait aucune conscience que l'ivresse faisait d'elle une proie facile, qu'elle se montrait alors sous un jour peu amène, voire franchement désagréable. Alors, une fois rentré des bois où j'avais scié des troncs toute la journée, chargé des camions, empilé des stères et des stères, je m'attelais à la fermeture du bar. Je supposais d'ailleurs qu'avant ma sortie de prison, il restait ouvert très tard, simplement parce que, complètement ivre, elle devait en oublier le temps.

Quand je repris les choses en main, l'établissement fermait à une heure décente, chacun rentrait dans ses pénates au moment du dîner. À nouveau, je fixai des règles et j'eus à cœur de les faire respecter. Je ne tolérai pas que l'on manque de respect à Évelyne, quel que fût l'état dans lequel elle se trouvait. J'avais à cœur de la protéger de ses démons et pensais que rétablir un rythme décent l'aiderait à surmonter son addiction. Mais je n'étais pas là de la journée et bien souvent, je m'apercevais en arrivant le soir qu'elle avait probablement consommé de l'alcool une bonne partie de la journée. Je n'avais pas les armes pour lutter contre ce fléau, à part mon amour pour elle, mais qui, à force de colères, de discussions sans queue ni tête, de reproches de toutes sortes, de crises de jalousie et de fatigue, s'essoufflait.

Puis vint ce jour où, pour la première fois de ma vie, Évelyne me fit peur.

Vraiment peur.

Elle avait adopté depuis plusieurs années un petit caniche abricot auquel je m'étais attaché depuis ma sortie de prison. Quand j'étais là, le chien me suivait partout et venait parfois se blottir contre moi lorsque je m'assoupissais dans le canapé. Ce jour-là, j'avais entrepris une sieste, ce qui n'avait rien d'extraordinaire, le chien couché contre moi. Je dormais profondément quand d'un seul coup, je sentis un poids me tomber dessus avec force. Quand j'ouvris les yeux, je vis Évelyne, à califourchon sur mon torse, brandissant un immense couteau de cuisine, prête à me transpercer la gorge. Dans son assaut, elle avait certainement cogné le chien, qui avait sauté du canapé dans un aboiement plaintif.

Je fus saisi d'effroi.

Par réflexe, je lui attrapai les poignets, tentai de maintenir ses mains au-dessus de ma tête. Elle tenait fermement la lame d'acier, bien décidée à me la planter là où elle pourrait, en hurlant des inepties. Je compris qu'elle était folle de rage parce qu'elle craignait que je lui vole son chien. Son haleine empestait l'alcool, ses pupilles dilatées prouvaient que la consommation était allée bon train durant ma sieste. J'essayai de la raisonner, de lui faire admettre qu'elle n'allait tout de même pas être jalouse de son chien. Mais rien n'y fit. Alors, à mon tour, je fis usage de la force pour me défaire de son emprise.

Une gifle.

Une seule gifle suffit à la faire vaciller, perdre l'équilibre, tomber du canapé.

Je me saisis aussitôt du couteau et me levai sans attendre. Je l'aidai à se relever, à s'asseoir sur le canapé, et la laissai là, en larmes, en proie à des démons contre lesquels je ne pouvais rien. J'étais aussi malheureux qu'elle, impuissant. Jamais de ma vie entière je n'avais usé de violence physique contre une femme, et encore moins contre la mienne. Jamais. J'étais sidéré d'avoir été obligé d'en venir aux mains pour me sortir de cette étreinte meurtrière.

Je m'enfermai dans notre chambre, sortis un sac de voyage et entrepris de partir. Quelques mois auparavant, j'avais appris fortuitement le décès de Christian Jubin en prison, d'un arrêt cardiaque. Il était mort en 1990, sans avoir jamais eu l'espoir de connaître autre chose que l'enfermement et la violence. Moi, j'étais dehors depuis deux ans à peine, et ce n'était certainement pas pour que l'enfer que j'avais connu cède la place à un autre. Je me sentais à nouveau oppressé, enfermé dans une situation qui m'échappait et contre laquelle je ne pouvais rien. Je me retrouvais à nouveau à devoir lutter contre une force incontrôlable qui n'était pas la mienne. Je n'aspirais pas à mener la grande vie, j'avais conscience que cette période de mon existence était largement révolue. Mais je voulais simplement la paix. Ne plus lutter chaque jour contre les agressions. Dormir sur mes deux oreilles.

Plus de peur.

Plus de drame.

Plus de stress.

Cette fois, c'est moi qui rendis les armes, j'abandonnai Évelyne à son triste sort et repris le chemin de la Normandie. Je lui promis cependant que jamais je ne demanderais le divorce, question d'honneur, question d'engagement, question de pacte. Quand nous nous étions mariés vingt-deux ans auparavant, nous avions ensemble signé un pacte indissoluble. Je m'étais engagé pour toute la vie, et même si nous devions passer le restant de nos jours séparés, je le resterais.

Bien des années auparavant, alors que j'étais détenu à Châteauroux, j'avais fait la rencontre de Jacques H. Ce délinquant notoire, dans les années 1980, s'était rendu coupable de l'enlèvement de Michel

Maury-Laribière, grand industriel français, qu'il avait séquestré douze jours avant de le libérer, non sans avoir au passage récupéré une rançon. Il avait été arrêté quatre mois plus tard, après avoir tué le gérant d'une discothèque à Andilly, ce qui lui avait valu trente-deux ans de réclusion criminelle, douze pour l'enlèvement, et vingt pour le meurtre. Jacques H. était un spécialiste de la tentative d'évasion spectaculaire ! À Châteauroux, il était parvenu à échapper à la surveillance en se cachant dans une benne à ordures ! Malheureusement, il finissait toujours pas se faire reprendre. Cela étant, entre le moment où je l'avais rencontré et son évasion, il m'avait parlé d'un certain Julien, à Dieppe. Une connaissance, un ami, un complice ? Peu importait, finalement, le lien qui les unissait. Le fait est que ce Julien avait toujours dit à Jacques que s'il avait besoin un jour, il serait là pour lui. Jacques m'avait dit que puisque j'avais de la famille dans ce coin-là (Saint-Valery-en-Caux est à une vingtaine de kilomètres de Dieppe), si un jour je recouvrais ma liberté et cherchais du boulot, je pouvais aller voir Julien, il m'en trouverait.

Cela peut sembler étonnant de faire confiance à des gens qui ont commis les pires atrocités, mais le code de l'honneur entre détenus n'était pas une illusion à cette époque. Et je n'avais jamais oublié que quelque part en Normandie, quelqu'un pourrait peut-être m'apporter une aide qui m'éviterait de retomber dans l'ornière. Dix ans plus tard, alors que je quittais Évelyne et regagnais la région, je tentai ma chance à Dieppe, auprès de ce Julien, qui avait une entreprise d'import-export. Il ne posa aucune question. Il demanda juste comment j'avais eu son nom et son adresse. Je me référai à Jacques, mais n'en dis pas davantage, ce qui ne fut pas nécessaire. En un instant, il avait compris d'où je venais et quel genre d'homme j'étais. Il me demanda ce que je savais faire, et je répondis simplement : « Un peu tout. » En moins d'une demi-heure, j'étais embauché comme homme de main, homme à tout faire, homme d'entretien. J'étais ponctuel, serviable, je ne discutais pas les ordres. Cela faisait de moi un employé fiable, courageux, ordonné. Surtout, j'étais infiniment reconnaissant à Julien et à son frère de me donner cette chance, de me faire confiance, de dépasser les apparences et de ne pas se laisser embarquer dans des préjugés. J'aurais donné n'importe quoi pour ne pas les décevoir, leur rendre service, leur montrer que j'étais un homme loyal, qui n'avait qu'une parole. Je leur devais en grande partie ma rédemption, si bien que je ne mégotais pas sur les heures, obéissais aux consignes et remplissais au mieux ma part du contrat. J'entretenais les espaces verts, je réparais ce qui devait l'être, réaménageais les locaux, gardais les maisons quand ils prenaient des vacances, revêtais ma casquette de chauffeur si l'un d'eux perdait son permis de conduire… Je rendais mille services et me pliais en quatre pour que tout soit fait, correctement.

En quelques années, je devins leur compagnon de route, celui sur qui on peut compter, celui qui est là à toute heure, de jour comme de nuit. C'était un juste retour des choses pour m'avoir sorti de l'ornière, car lorsque l'on a connu que les braquages et les mauvais coups, replonger est si facile ! Si je n'avais pas croisé leur route et s'ils ne m'avaient pas accordé un peu de leur temps et de leur confiance, je pense que j'aurais à nouveau trempé dans des histoires pas claires.

J'avais un temps été approché par des bandes de dealers qui cherchaient une mule. Je m'y étais toujours refusé. Je ne mangeais pas de ce pain destiné à s'enrichir sur le dos de pauvres gamins égarés, qui risquent leur vie à chaque nouvelle dose, à chaque nouvelle substance plus nocive que la précédente. Évelyne et moi n'avons jamais eu d'enfant, c'est probablement ce qui m'a manqué le plus dans ma vie. Si j'avais replongé, ça n'aurait certainement pas été dans ce fléau qui tue des enfants chaque jour. Je m'étais très vite écarté de ce genre de fréquentations.

Grâce à Julien et à ce travail, je repris une place dans la société. Pour la première fois de ma vie, à 50 ans passés, j'eus un bulletin de salaire chaque mois, un compte en banque, puis un petit appartement à Veules-les-Roses, une voiture. Je m'achetai une conduite, sans pour autant avoir jamais renié celui que j'étais, mon passé. Je goûtais simplement ma liberté, et le calme de la vie que je menais. J'acceptais bien volontiers la baisse de mon niveau de vie par rapport aux années 1960, mais appréciais la quiétude par rapport aux années de prison. Je ne faisais pas de projets. Je passais ma journée au travail, je m'arrêtais parfois boire un verre en rentrant, et je recommençais le lendemain. Je savourais le train-train quotidien comme une chance.

En fin de journée, je m'arrêtai au bar de la Marine, boire une bière, comme cela m'arrivait parfois. Je m'asseyais toujours au bar, j'y passais une petite heure, parfois plus, selon celui que je rencontrais, qui s'arrêtait en m'apercevant. Ce jour-là, j'entrepris la conversation avec un type. Il avait l'air d'un gars à la retraite depuis peu, plutôt bien habillé, encore svelte et dynamique. Il avait une bonne tête, celle d'un gars qui aime discuter, qui ne rechigne pas à lier connaissance. Je le croisais parfois, mais n'avais jamais échangé avec lui. Il était souvent accompagné d'autres hommes du même style. J'avais dû m'arrêter un peu plus tôt que d'habitude, il n'y avait pas foule à cette heure, à part lui et moi assis au bar, un tabouret entre nous. Il fut d'abord question du match de la veille, des équipes que nous soutenions, des drôles de choix du sélectionneur… puis de la cohabitation, une conception bien française de la politique… puis des millions de gamins qui s'apprêtaient à passer l'épreuve de philosophie du bac. Il me confia ne pas avoir passé l'examen, ce qui ne l'avait pas empêché de réussir dans la vie. Je ne lui répondis pas que moi non plus, je ne l'avais pas passé, et que ma réussite était toute relative. Puis, je l'interrogeai sur ce qu'il avait fait pour réussir.

— J'ai fait carrière dans la police nationale. Je suis entré gardien de la paix, j'ai fini brigadier-chef.

La discussion aurait pu tourner court, mais ce type m'était sympathique depuis une vingtaine de minutes que nous discutions de tout et de rien. Je choisis de lui sourire et de lui confesser qu'heureusement qu'il était retraité, car les flics, en général, je ne les aimais pas beaucoup. Je n'entrai pas dans les détails, ne déroulai pas mon *curriculum vitae*, mais laissai entendre que j'avais, par le passé, eu quelques démêlés avec les forces de l'ordre, et que j'avais toujours perdu. Lui aussi me sourit. Il le savait. Flic, c'est le genre de métier qui génère parfois l'admiration, mais parfois aussi la répulsion, tout dépend de l'expérience de chacun. Ma réaction le fit plutôt rire. Lui, il était là pour boire un coup, surtout pas pour en découdre avec un repris de justice ! D'ailleurs, il était en retraite depuis quelques années déjà, il avait raccroché les menottes depuis belle lurette. Tout à coup, il poussa sa bière vers moi et changea de tabouret. Il me regarda, me tendit la main et se présenta :

— Michel.

Je répondis à sa poignée de main, lui dévoilai mon prénom. Il me regarda fixement et, dans un sourire, il affirma :

— Votre visage ne m'est pas inconnu.

Alors ça ! Je ne l'avais pas vue venir ! Moi, sa tête ne me disait rien.

— Eh bon ? Oh, j'ai dû faire la une de quelques journaux. C'était il y a longtemps. Vingt-cinq ans, au moins !

— J'étais là, me dit-il.

Comment ça, il était là ? Où était-il ? Il vit mon air surpris, ce qui le fit bien rire. Il but une gorgée de bière, reposa sa chope et entreprit de me raconter. Il ne se souvenait pas de mon nom, mais il se rappelait bien cette soirée qui avait viré au cauchemar pour nous, ce 11 avril 1972.

Vingt et un ans plus tôt.

Il était policier à Paris, et était dans l'un des deux fourgons qui nous avaient pris en étau dans la rue Petit, alors que Jubin, Évelyne et moi tentions de fuir dans cette Austin Mini blanche. Je n'avais aucun souvenir de ce gars-là, mais à ma décharge, nous faisions face à une douzaine de flics, tous en uniforme et braquant des armes sur nous, il faisait nuit, je n'avais pas pris le temps d'engager la conversation avec chacun d'entre eux. J'étais cependant très étonné que lui s'en souvienne, vingt et un ans plus tard, alors qu'il avait dû en voir d'autres, et certainement des meilleures.

Il me demanda comment l'affaire s'était terminée pour nous. Je lui narrai brièvement le procès, les quelques tentatives d'évasion et puis, finalement, les dix-neuf ans et huit mois de prison. J'étais sidéré de croiser un de ceux qui nous avaient arrêtés ici, à

Veules-les-Roses, à 150 kilomètres de Paris, et puis que ce gars se souvienne de moi et me reconnaisse ! Ça me laissa pantois.

Alors, il m'expliqua qu'il devait cette mémoire à la médaille que lui et vingt-huit de ses collègues avaient reçue suite à notre arrestation ! Vingt-huit médaillés juste là, au bon endroit au bon moment, qui avaient réalisé ce coup de filet historique.

Finalement, je ris aussi, non sans lui avoir assuré que cette arrestation ne valait tout de même pas autant de médailles : on s'était laissé prendre, il n'y avait pas eu de prise de risque. Mais nous nous retrouvions, lui et moi, cette fois du même côté du comptoir, ce qui valait bien que nous trinquions à nouveau.

1994.

Un an après ma rencontre avec ce Michel que je revis deux ans après m'être installé dans la région, je passai la porte du Normandy, un bar de Veules-les-Roses. J'y avais quelques habitudes aussi. Je rentrais de vacances en Camargue, les journées étaient encore longues et j'aspirais à me détendre. C'était un repaire, un lieu où des copains s'arrêtaient parfois. Je ne leur donnais pas rendez-vous. Je m'arrêtais. S'ils étaient là, j'y passais une partie de la soirée, s'il n'y avait personne, je buvais un verre et rentrais chez moi. Ce jour-là, une jolie femme brune était derrière le comptoir, en grande discussion avec les policiers du commissariat voisin. Je ne l'avais jamais vue auparavant. Elle vint vers moi et je fus saisi par sa beauté, son sourire, ses longs cheveux bruns. Elle avait une allure de reine. Elle semblait parfaitement à sa place, sûre d'elle. Elle avait le visage illuminé d'un grand sourire. Je commandai ma bière et lui demandai si elle était nouvelle dans l'établissement. Elle me confia être venue aider son amie, propriétaire de l'établissement. Je ne sais plus combien de temps je restai accoudé à ce comptoir, mais je ne pouvais la quitter des yeux et il me sembla bien que l'attirance était réciproque.

Je revis Alice.

Une fois.

Plusieurs fois.

Je la revis jusqu'à ne plus avoir envie de me séparer d'elle. En cette année 1994, je rencontrai la troisième femme de ma vie, après ma sœur Colette et Évelyne qui, régulièrement, me faisait parvenir des demandes de divorce que je ne signais pas. Je lui avais tout laissé, le bar, l'argent, le chien. Je ne lui laissais pas le loisir de rompre le pacte.

Alice sut tout de ma vie.

Évelyne.

Les braquages.

Les vingt ans de prison.

Tout.

Je ne lui cachai rien, et elle ne m'en aima que davantage. Je m'étais installé chez elle et nous coulions des jours heureux, entre mon travail, mes petites occupations à rendre des services, à entretenir la propriété de Julien ou de son frère, nos escapades en Corse, nos déjeuners au restaurant, nos balades en bord de mer.

Cet amour-là dura vingt-sept ans.

Ce fut un amour vrai, dans une vie simple et douce.

Un amour qui m'empêcha aussi de reprendre des chemins de traverse. Un amour qui me fit envisager l'automne de ma vie autrement. J'ai été très heureux auprès d'Alice, durant vingt-sept ans, jusqu'à ce que la maladie l'emporte en 2021.

20

2024

J'ai 82 ans.

Je vis seul, à quelques encablures du bord de mer, dans une maison bordée d'une haie d'hortensias roses et bleus, au cœur du pays de Caux. Une région qui me ressemble, faite de longues plaines cultivées sans surprise, et de falaises abruptes qui tombent dans la mer. Une région dont le ciel parfois gris profond fait ressortir la vivacité des champs de colza. Je ne suis plus l'animal sauvage que j'ai été, mais j'ai conservé mon franc-parler. J'ai changé, bien sûr, mais je garde une immense tendresse pour le gamin perdu que j'ai été, de l'admiration pour le braqueur qui n'avait peur de rien, de la considération pour le détenu qui n'en recevait aucune de qui que ce soit, et une grande fierté d'être, au crépuscule de ma vie, l'homme que je suis.

Je lis toujours la rubrique « Faits divers » dans les journaux et ce que j'y découvre ne déclenche plus en moi cette adrénaline dont j'ai eu tant besoin quand j'étais jeune. Au contraire, la délinquance que j'y découvre, sans honneur, sans respect pour rien, sans règles, sans foi ni loi, cette délinquance-là me donne la rage. Je l'avoue, j'ai un jour porté un coup de crosse à un employé de banque.

Une fois.

Une seule fois de ma vie de braqueur.

Quoi que l'on en pense, nous savions nous arrêter. Je n'aurais jamais tiré sur des flics. Ce que je lis ou vois à la télévision est aux antipodes de la vie qu'Évelyne et moi avons menée.

Cette violence gratuite.

Ces émeutes pour défendre un délinquant qui s'est fait prendre.

Ces flambées de sauvagerie qui mettent le feu aux voitures, aux poubelles, aux abribus.

Plus le temps passe, plus je me rends compte que les délinquants actuels sont devenus de féroces vauriens. Ils tueraient père et mère pour sauver leur peau.

Pourtant, l'enjeu est resté le même : l'argent facile. Dans mes années de gloire, c'était simple, il suffisait de pousser la porte d'une banque. Aujourd'hui, les banquiers n'ont plus d'argent dans leurs tiroirs, et les banques ne sont plus des moulins ouverts à tous les vents. Trouver de l'argent nécessite donc d'être très organisé, très malin, très préparé, d'autant plus si l'objet du délit est le braquage de banques. Mais je ne suis pas dupe, ces équipes-là ne courent pas les rues. La plupart des délinquants en quête d'argent ne visent pas les banques, c'est devenu trop compliqué et très risqué. Non, ils trouvent l'argent autrement. C'est malheureusement là que le bât blesse. Le « autrement » traduit souvent la mise en place de trafics divers : drogue, armes, alcool, cigarettes, contrefaçons de tout et n'importe quoi, avec les risques que cela comporte, notamment pour la vie des victimes de ces trafics organisés.

Surtout, cette délinquance n'accepte pas les règles : voler, braquer, trafiquer, dépasser la ligne rouge de quelque manière que ce soit fait toujours prendre le risque d'être attrapé. Aujourd'hui, les malfaiteurs se trimballent avec des armes de guerre, se ruent sur le premier venu pour un regard de travers, un différend financier, et n'hésitent plus une seconde à sacrifier celui qui se trouve en travers de leur chemin quand le vent tourne.

Nous, nous acceptions la règle du jeu, c'était même un devoir. La différence réside dans le fait que nous acceptions l'éventualité de nous faire prendre. D'ailleurs, nous avons payé pour les crimes et délits dont nous étions coupables et c'est par honneur que je n'ai jamais balancé qui que ce soit pour une remise de peine de quelques semaines. Je n'avais aucunement peur de représailles, si je n'ai jamais cédé à ce chantage, c'est uniquement pour pouvoir me regarder en face chaque matin, avec la conviction d'assumer mon lot. Je l'avais finalement bien cherché.

Je suis devenu un vieux monsieur, j'ai changé, mais je ne me suis jamais départi de ma grande sincérité, de cette loyauté chevillée qui m'empêchera, jusqu'à la fin de mes jours, de trahir ceux qui m'ont aidé, ceux que j'ai servis et ceux que j'aime.

Coupable, je l'ai été, je ne renie pas mes fautes, je n'ai jamais cherché à prouver le contraire. J'ai payé pour cela, je n'ai pas négocié ma peine. Il y a eu ces vingt ans de prison, et pourtant je n'ai aucun regret. Je suis fier d'avoir eu le courage que j'ai eu, de l'homme que j'ai été, car cette vie, aussi cabossée soit-elle, m'a rendu très heureux. Surtout, j'ai parfaitement conscience que cette existence folle, trépidante, excitante à souhait, je ne l'aurais jamais connue de nos jours.

J'ai aimé follement deux femmes merveilleuses, très différentes, mais toutes deux si lumineuses, pétillantes, entières. Elles ne sont plus de ce monde, mais ne me quittent jamais. Je n'ai pas divorcé d'Évelyne qui est décédée, il y a une dizaine d'années. J'ai simplement retiré mon alliance que j'ai conservée précieusement, comme un trophée. Après avoir rencontré Alice, dont j'étais éperdument amoureux, j'ai fait transformer cette alliance en une pépite d'or qu'Alice a portée autour de son cou jusqu'à sa mort, et qui ne me quitte jamais. Elle est toujours accrochée à sa chaîne, dans le porte-monnaie que je conserve toujours sur moi.

Quand j'en doute, ce qui est rare, je sors cette petite pépite, je la regarde tournoyer et me rappelle que, quoi que certains en pensent, j'ai eu une vie en or.

Retrouvez-nous sur les réseaux sociaux :

City Editions

www.city-editions.com
@cityeditions
www.facebook.com/cityeditions/
@CityEditions
@cityeditions

Achevé d'imprimer en juin 2024
sur les presses de la Nouvelle Imprimerie Laballery
58500 Clamecy

Numéro d'impression : 405322

Imprimé en France

La Nouvelle Imprimerie Laballery est titulaire de la marque Imprim'Vert®